Le pape François :
le secret de son charisme

Chris Lowney

Le pape François : le secret de son charisme

Leçons du premier pape jésuite

Traduit de l'anglais (américain) par Aurore Guitry

EYROLLES

Groupe Eyrolles
61, bd Saint-Germain
75240 Paris Cedex 05

www.editions-eyrolles.com

Titre original : *Pope Francis : why he leads the way he leads*

Published under arrangement with Loyola Press, Chicago, IL, USA

ISBN : 978-2-212-56029-9

Pour l'Ange qui est entré dans ma vie, en y diffusant paix et joie.

Sommaire

Chapitre 1
Le nouveau leader

Le monde d'aujourd'hui a grand besoin de témoins. Non tant de maîtres que de témoins. Il ne s'agit pas seulement de prendre la parole, mais de parler avec toute sa vie.

Extrait du discours prononcé par le pape François sur la place Saint-Pierre le 18 mai 2013[1]

Il n'existe aucune formation pour ceux qui aspirent à la papauté. Lorsque la fumée blanche s'est élevée dans le ciel du Vatican, annonçant l'avènement d'un nouveau pontificat – celui du pape François –, aucun fonctionnaire du Saint-Siège n'a offert *Le Manuel du nouveau pape* ou *Le Pontificat pour les nuls* au cardinal Jorge Mario Bergoglio. D'après le peu d'informations dont nous disposons, nous profanes, ses confrères cardinaux applaudirent son élection, le vêtirent de blanc, lui accordèrent un moment de recueillement et de prière, puis le poussèrent (disons l'escortèrent) jusqu'au balcon de la basilique Saint-Pierre où il prit la tête d'1,2 milliard de catholiques.

Très vite, ses premiers gestes firent l'objet de commentaires approbateurs. Le rédacteur en chef de *L'Osservatore Romano* (journal semi-officiel du Vatican) les qualifia d'« inouïs et étonnants[2] ». Un autre journaliste de la Cité salua l'initiative papale et y vit « un changement d'époque (…) une révolution[3] ». Ainsi le pape jouit-il d'une cote de popularité que tous les chefs d'État du monde doivent lui envier[4].

D'où tient-il ce savoir-faire ? D'où lui viennent ses idées ? Et quelles leçons pouvons-nous apprendre de lui ? Ce livre repose sur ces questions.

Comment se préparer à bien diriger ?

Après tout, il nous arrive à tous de nous retrouver projetés, comme le pape, sur ce balcon métaphorique : avancez, le moment est venu de prendre la tête de votre département, de votre famille, de votre classe ou, comme dans le cas qui nous occupe, de l'ensemble de l'Église catholique. Certains abordent ces opportunités avec la certitude d'être bien préparés à assumer les responsabilités qu'elles impliquent, et cette assurance inébranlable les accompagnera tout au long de leur carrière. On les appelle les narcissiques. Ils posent souvent problème dans leurs entreprises. Aveuglés par la haute opinion qu'ils ont d'eux-mêmes, ils ne voient pas les ravages qu'ils provoquent et les misères qu'ils infligent. Ceux qui ont en revanche ne serait-ce qu'une once de conscience de soi comprennent vite qu'on ne leur a pas appris à relever tous les défis liés à un poste de direction.

Au tout début de ma carrière chez J.P. Morgan, on m'a formé à analyser des bilans d'entreprise et à débusquer celles d'entre elles qui osaient augmenter leurs bénéfices en jouant sur leurs stocks ; j'ai appris à convaincre nos clients de gagner quelques points supplémentaires en utilisant nos propres Euro-obligations plutôt que les obligations américaines à taux variable. Je n'ai sans doute jamais vraiment eu les compétences requises, et n'ai rien retenu de toutes ces astuces techniques, mais jongler avec les stocks ne m'a jamais posé de problème. Après quelques années chez Morgan, je me suis retrouvé propulsé au poste de directeur général de notre bureau de Tokyo avant de prendre successivement des postes à Singapour, Londres et New York. À l'époque, je devais aider ma société à mener une importante réduction d'effectifs dans son bureau de Londres, et remotiver l'un de ses employés mécontents. J'ai rapidement compris que dans le monde des adultes, les solutions n'étaient pas binaires comme des analyses de performance d'obligations.

Il y a quelques années, j'ai quitté Morgan et rejoint le conseil d'administration d'un des plus grands services de santé et hospitaliers d'Amérique. Depuis, on me sollicite pour de modestes conseils et je supervise notre formidable équipe, qui dirige un secteur de santé publique en perpétuelle évolution (changements de réglementations, nouvelles technologies, problèmes éthiques) et résout des dizaines d'autres problèmes aussi complexes que ceux-là.

Mes connaissances techniques et limitées ne m'ont servi à rien quand il s'est agi, par exemple, de prendre une décision difficile – alors que les faits s'opposaient à mes valeurs – ou de déterminer les priorités parmi quinze tâches à effectuer avant l'heure du déjeuner ; de choisir le bon moment pour prendre des risques ou au contraire de jouer la sécurité, pour finalement en déduire ce qui compte le plus dans la vie. Il m'aurait fallu des compétences bien plus grandes, universelles.

On se démène pour devenir de vrais leaders

Les questions épineuses se multiplièrent, les délais raccourcirent, les problèmes éthiques se complexifièrent, et personne ne m'envoya dans une école de hauts dirigeants pour apprendre à tout gérer. C'est l'école de la vie qui m'enseigna ce qu'il y avait à savoir. Ai-je bien retenu les leçons qu'elle m'a dispensées ? Seuls mes anciens collègues de chez Morgan et mes collaborateurs de la société de santé publique pourraient le dire. Mais j'espère sincèrement qu'ils m'estiment au moins un peu supérieur à la moyenne des dirigeants, dont la cote est au plus bas aux États-Unis. Un sondage a récemment été réalisé pour savoir si les Américains « accordaient toute leur confiance » à leurs responsables politiques, religieux, professionnels et enseignants. La réponse ? Non, non, non et non. Ces quatre secteurs, considérés comme les piliers de notre société, n'ont plus beaucoup de crédit auprès des Américains[5].

Il faut admettre que les dirigeants d'aujourd'hui font un travail extrêmement difficile. Ils sont souvent sous-payés, acculés par les délais, tributaires de nombreux impondérables, placés sous surveillance quasi permanente, et sommés de motiver leurs collègues et collaborateurs qui, eux, remettent fréquemment en cause leur autorité. Ces réalités ne facilitent pas leur tâche.

Mais la déception – et l'éventuel dégoût absolu – que nous inspirent nos gouvernants ne proviennent pas seulement des inconvénients de leur charge. Ceux qui occupent ces fonctions sont trop souvent obnubilés par leur statut ou leurs revenus. Ils sont incapables de nous inspirer ou de nous rassembler. Ils manquent d'imagination pour résoudre les problèmes, à première vue insolubles, qui nous tourmentent. Ils craignent trop de prendre des mesures ou même d'être francs avec nous ; et ils n'ont pas assez de courage pour nous pousser à relever les défis et à initier des changements.

Autrement dit, la rupture est consommée. Nous devons réinventer le leadership et trouver les moyens de mieux nous y préparer.

Qu'est-ce qui fait la particularité d'un pape jésuite ?

Le pape François, jésuite, entre en scène, et les paradoxes affleurent sur-le-champ. Les jésuites forment un ordre religieux catholique composé de prêtres et de religieux, fondé par Ignace de Loyola et les premiers compagnons en 1540. Leur incroyable histoire fut marquée, entre autres, par la fondation de São Paulo, l'une des plus grandes villes du monde, par leur contribution au développement de l'alphabet vietnamien, et par la diffusion du calendrier grégorien, qu'on utilise aujourd'hui dans tous les pays. Il s'agit du plus important ordre religieux. Il est bien structuré, sous l'autorité d'un supérieur général. On recense actuellement plus de 17 000 jésuites œuvrant dans une centaine de pays.

Compte tenu de ces antécédents et de ce rayonnement mondial, en quoi un pape jésuite peut-il paraître paradoxal ? Simplement parce que le fondateur de cet ordre haïssait l'outrecuidante ambition personnelle. Le règlement des jésuites, ses *Constitutions*, dénonce l'ambition, qualifiée de « mère de tous les maux dans quelque association ou congrégation que ce soit[6] » et demande aux jésuites de faire « vœu à notre Seigneur de ne jamais rien faire pour obtenir » une dignité dans l'Église et leur recommande de « dénoncer ceux qu'ils remarqueraient le faire »[7]. Imaginez que tous les employés des sociétés américaines se mettent à moucharder l'ambition de leurs collègues… Il y aurait tellement de rapports que le travail ne serait plus fait !

Ignace souhaitait que les jésuites suivent l'exemple de leur modèle, Jésus, en se montrant humbles comme lui. Mais il comprit aussi que l'ambition jumelée aux luttes intestines et politiciennes pouvait saper le moral de l'organisation (ça ne vous rappelle rien, amis salariés ?). Il chercha donc à maîtriser une inclination humaine, celle qui consiste à soigner son ego en briguant statut, pouvoir et promotion.

Le cardinal Bergoglio apparaît comme le fils dévoué d'Ignace, son père spirituel. Après avoir terminé en deuxième position au conclave de 2005 qui élut le pape Benoît XVI, le cardinal Bergoglio ne resta pas à Rome pour se créer un réseau et s'attirer des voix en vue du prochain conclave. Il s'empressa de retourner en Argentine, se tint à l'écart des projecteurs et consacra la majeure partie de son temps et de son énergie aux démunis de son pays (qui, eux, ne votent pas pour le pape). Lors de l'élection papale suivante, il s'était si bien gardé de toute manœuvre politique qu'il ne s'inscrivit que de justesse sur la liste des participants au conclave.

Ce n'est là qu'un des nombreux paradoxes jalonnant son chemin vers le pouvoir et la compréhension de sa mission. Si nous voulons renouveler notre conception de la gouvernance et de la formation requise, il suffit de revenir sur la première semaine du nouveau pape pour avoir toute la matière nécessaire : connu pour son dévouement à la tradition catholique, le pape François commença à l'enfreindre dans les minutes qui suivirent son élection en refusant d'endosser la traditionnelle cape rouge (mosette). Il prit aussi lui-même ses appels téléphoniques et sauta dans un bus plutôt que dans la Papamobile. Quelques jours à peine après son accession à la papauté, une position aussi prestigieuse qu'influente, il déclara sans ambages : « le vrai pouvoir, c'est le service[8] ».

Sa formation intensive de leader, en dehors de celle dispensée par son éducation familiale, il la tient des jésuites. Cet ordre religieux n'instruit pas en donnant des cours mais en imposant une retraite silencieuse d'un mois, en envoyant ses stagiaires faire un pèlerinage éprouvant, en chargeant ses recrues d'enseigner aux enfants pour les préparer à conseiller les adultes.

Ses origines improbables et ses premiers pas surprenants font-ils de lui un grand pape ? Non, cela n'est certainement pas suffisant. Cet ouvrage ne prétend pas faire l'éloge de sa personne, de son appartenance à l'ordre jésuite, ou de l'Église catholique. Le pape François hérite d'une Église en proie, depuis longtemps, à de grandes difficultés : manque de prêtres dans des dizaines de pays, fréquentation des églises en baisse dans les régions développées, crise de l'autorité morale suite au scandale des abus sexuels, auquel il faut ajouter, si l'on en croit les commentaires publics de plusieurs cardinaux, un dysfonctionnement de la curie romaine.

Ces problèmes aux multiples facettes sont complexes et ne seront pas résolus facilement. Il faudra engager de profondes réformes. Le pape, dans ses premières déclarations et actions, a clairement fait savoir qu'il s'engageait à initier un changement culturel massif dans son Église. Un changement culturel massif ? Ne s'agit-il pas là d'une hyperbole ? « Je veux que vous vous fassiez entendre dans les diocèses, je veux qu'on fasse du bruit, je veux que l'Église descende dans les rues, je veux que nous nous défendions de tout ce qui est mondanité, immobilisme, de tout ce qui est commode, de tout ce qui est cléricalisme (…) Que les évêques et les prêtres me pardonnent si, après, certains sèment un peu la confusion[9]. » Ce ne sont pas de simples mises au point. Ce pape tient à redynamiser son institution et à la diriger énergiquement.

Toutefois, dans leur désir de changement, même les leaders les plus talentueux se heurtent à des problèmes, surtout lorsqu'il s'agit d'une institution qui vénère une tradition vieille de deux millénaires. Le président Woodrow Wilson avait su trouver les mots justes : « Si vous voulez vous faire des ennemis, essayez de changer les choses. » Pour réussir, il faudra aux instigateurs du talent et un jugement sûr, mais aussi du courage, un peu de jugeote politique, une volonté de fer et une bonne dose de chance.

Alors, y parviendra-t-il ? Seul un fou prétendrait le savoir.

Mais alors pourquoi tirer des leçons d'un pape qui n'a pas encore fait ses preuves ; d'un souverain catholique quand on est musulman, bouddhiste ou même athée ; d'un supérieur religieux alors qu'on est chef d'entreprise, d'hôpital, de famille ; d'un type qui baise les pieds nus d'une femme en public alors qu'on serait arrêté si on faisait la même chose avec l'une de nos subordonnées ? Et enfin, qu'apprendre d'un homme qui s'est instruit pendant des années dans des séminaires jésuites alors que nous avons été formés dans des universités, dans des grandes écoles ou sur le tas ?

Pourquoi nos leaders doivent-ils changer, et nous avec ?

Nous venons d'évoquer certaines des raisons qui rendent intéressante la conception du pape François en matière de leadership. Sa façon de s'y préparer et ses valeurs sont très différentes de celles auxquelles on nous a habitués. Différentes ? Carrément détonantes oui, « étonnantes » même pour reprendre les termes du rédacteur en chef que nous avons cité plus haut. Voyons la vérité en face : nous avons désespérément besoin de revoir nos idées préconçues sur le leadership, parce qu'elles ont toutes échoué. Il faut qu'on nous surprenne avec de nouvelles actions et de nouvelles visions. Notre méfiance à l'égard de nos chefs politiques, enseignants, supérieurs hiérarchiques et religieux signe un acte d'accusation, un vote contestataire inouï à l'encontre d'un large pan de notre société. Nous affirmons ainsi notre défiance face aux bonnes vieilles méthodes des organismes politiques, professionnels et religieux. Répéter constamment les mêmes gestes et s'attendre à des résultats différents, ne serait-ce pas le comble de l'absurdité ? On ne comblera pas nos lacunes en envoyant en formation ou en atelier de leadership la classe dirigeante, les représentants élus et les pasteurs américains, ni en bricolant nos systèmes de gestion ou en recourant à ce type de solutions simples. Notre siècle est tumultueux, voire troublé, et soumis à des changements rapides. Il faut en tenir compte pour nous renouveler et réinventer le leadership.

Le pape a proposé une approche qui remet en question l'Église pour la rendre plus adaptée au XXIe siècle :

- Il a incité les chrétiens « tièdes » ou « mollassons » à s'investir davantage pour répandre la parole de l'Église et à « dépasser [leur] propre confort » pour vivre avec « plus de ferveur apostolique » plutôt que de « se complaire (…) dans une petite vie douillette »[10].
- Il a conjuré son Église d'être plus franchement « pauvre et pour les pauvres[11] ».
- Il a mis en garde les futurs diplomates du Vatican en déclarant que « le carriérisme est une lèpre[12] ».
- Il a dénoncé la mondialisation de la culture dans laquelle « l'argent [pour les grands de ce monde] prime sur les personnes[13] ».

- Il a recommandé à ses frères évêques d'« aimer la pauvreté (...) la pauvreté comme simplicité et austérité de vie[14] ».
- Il a demandé de but en blanc aux évêques brésiliens : « Sommes-nous encore une Église capable de réchauffer le cœur[15] ? »

Ces défis firent réagir le cardinal Timothy Dolan, qui confia à un journaliste : « Je me surprends à interroger ma conscience (...) sur mon comportement, la simplicité, et beaucoup d'autres choses[16]. » Ce cardinal n'est pas le seul à s'être questionné et repositionné. Les paroles du pape François trouvent d'autres échos : il remet fondamentalement en cause nos modes de vie, nos priorités, sans que nous le traitions pour autant de vieux grincheux moralisateur digne d'une révocation[17]. En fait, on apprécie qu'un homme nous dise franchement des vérités nécessaires quoique difficiles à entendre.

Mais il ne s'est pas contenté de s'en prendre à son Église ; c'est toute notre culture et notre conception du leadership qu'il déstabilise. En effet, il incarne une image diamétralement opposée à celle que nous montrent nos dirigeants dans leur vie et leurs principes. Le pape François semble équilibré et authentique, alors que de nombreuses grandes personnalités publiques actuelles paraissent superficielles et fausses. On dirait qu'elles cherchent constamment à nous berner. Le pape, lui, donne l'impression de suivre sa passion, celle de servir, et non l'appât du gain, du statut ou du pouvoir. Notre culture se complaît de plus en plus dans l'égocentrisme et la fascination pour la superficialité. Le pape tient à ce que nous nous dépassions en nous focalisant sur les épreuves de nos frères et sœurs les plus démunis. En observant ce pape improbable initier le changement de son Église, je me suis demandé si l'on ne pouvait pas y voir le catalyseur d'un débat bien tardif sur le leadership.

Peut-être nous inspirera-t-il de nouvelles habitudes dans nos façons de diriger. En s'habillant de blanc, le cardinal Bergoglio a littéralement personnifié ce renouveau. À l'aube du XXIe siècle, nous avons, nous aussi, besoin de revoir nos habitudes, nos formations à la gestion de nos subordonnés comme de notre famille. Il a été appelé à conduire son Église. Cela devrait nous inviter à mener une réflexion approfondie sur ce qu'est l'appel à diriger (oui, il s'agit bien d'un appel) qui nous concerne tous (oui, nous tous) ; qu'il nous amène à devenir directeur exécutif, parent ou, qui sait, pape.

Voilà ce qui a inspiré ce livre sur le pape François, ses valeurs et ses principes de leader influencés par son appartenance jésuite. Il ne s'agit pas d'une biographie. On en trouve déjà beaucoup sur le marché. Et pourtant, bizarrement, elles ont toutes survolé une donnée importante : la spiritualité jésuite qui l'a préparé à son rôle et qui déteint, encore aujourd'hui, sur ses pensées. N'y voyez pas une critique. Lisez plutôt ceci : « Je me sens toujours jésuite spirituellement, du fond de mon cœur (...) Et puis, je pense comme un jésuite[18]. » On ne peut comprendre ce pape qu'en examinant de plus près le contenu des chapitres suivants et en s'interrogeant ainsi sur ce que signifie « penser comme un jésuite ».

Mais, à bien des égards, ce livre porte tout autant sur nous tous que sur le chef de l'Église catholique. Nous faisons une étude de cas sur le pape François. C'est notre prisme, le catalyseur qui nous permettra de comprendre pourquoi le *statu quo* de nos leaders nous déçoit tant. Grâce à lui, nous pourrons imaginer un nouveau leadership – susceptible de nous inspirer – et envisager des engagements possibles pour devenir de meilleurs chefs dans nos propres vies.

Gardez à l'esprit les images du pape François que nous venons d'évoquer et voyez-y les pièces éparpillées d'une énorme mosaïque : un homme lave les pieds de délinquants juvéniles, profite de sa première matinée de pape pour s'isoler, s'agenouiller un quart d'heure et prier ; il porte des chaussures noires à la place des rouges, traverse une vague de réfugiés sur l'île de Lampedusa. Notre tâche consiste à assembler ces différentes pièces pour reconstituer le puzzle du leadership. Nous avons tous été saisis par ce que nous avons vu, mais pourquoi ? Que nous révèlent ces images sur la nature d'un grand leader ?

La spiritualité jésuite du pape François nous servira de « code », de sésame pour lever le voile sur les convictions intimes qui l'animent. Nous nous appuierons sur trois précieuses sources d'information : d'abord, sur les faits et dires du pape François ; ensuite, sur les valeurs de dirigeant qu'il a précisées durant ses années à la tête des jésuites d'Argentine ou des jeunes stagiaires (certains d'entre eux, devenus prêtres aujourd'hui, ont généreusement accepté de partager leur réservoir de souvenirs. Leurs témoignages nous donnent un aperçu précieux des coulisses de sa vie, avant que les caméras le suivent à la trace) ; enfin, sur les principes que le jeune Bergoglio aurait assimilés au cours de ses dix années de formation à la prêtrise jésuite.

On trouvera facilement des points de convergence entre ces diverses données. En fait, des thèmes, simples, ressortiront constamment. Dans la vie de Bergoglio devenu pape François, il y a six constantes, composées d'habitudes et de convictions. Elles nous mettent tous au défi de suivre son exemple et de défendre ainsi un nouveau type de leadership dans notre culture.

Il ne s'agit pas de donner la formule ou les astuces d'un grand leader, mais de dégager une vision universelle de la gouvernance et du monde : quel regard le dirigeant porte-il sur le passé, le présent, le futur, sur lui-même et sur les autres ? Comment fait-il pour impliquer son entourage ? Les jésuites ou d'autres qualifieraient sûrement cette démarche de « spiritualité du leadership » - autrement dit, ce qui transforme notre passage sur cette terre en voyage avec Dieu et vers Dieu (ou notre propre interprétation de la transcendance).

Tout en suivant les étapes importantes de la vie et de la formation du pape François, les chapitres suivants porteront sur les six engagements ou piliers du nouveau leader.

- Connaissez-vous bien (chapitre 3), mais consacrez votre existence au service de votre prochain (chapitre 4) :
  – On ne peut pas diriger les autres sans se maîtriser soi-même. Les dirigeants plongent en eux-mêmes, affrontent leurs défauts, et

finissent par s'accepter tels qu'ils sont. Dès lors, les voici prêts à tenir le seul rôle qu'ils peuvent jouer en ce monde.
  - Mais après une sérieuse introspection, les leaders se tournent vers l'extérieur. Ils ne vivent plus pour eux seuls mais aussi pour servir les autres. Leur connaissance d'eux-mêmes leur procurera une énergie et une sagesse qui rayonneront sur leur entourage.
- Immergez-vous dans le monde (chapitre 5), mais retirez-vous-en quotidiennement (chapitre 6) :
  - Le nouveau leader se plonge dans le monde en gardant les yeux grands ouverts sur les joies et les souffrances, les mains calleuses à force de partager les épreuves de ceux qui l'entourent. Il ne se tient pas à l'écart ni à distance mais « en contact » et à l'écoute. Il cultive la solidarité, en particulier avec les exclus et les marginaux.
  - Cependant, bien que citoyen du monde, il n'en fait pas complètement partie. Pas question de se laisser distraire par les médias, des textos ou de simples appels téléphoniques. Il faut savoir s'isoler chaque jour pour réfléchir, apprécier tout ce qu'on a reçu, analyser les situations et se rappeler ses valeurs et ses convictions.
- Vivre l'instant présent tout en respectant la tradition (chapitre 7), mais bâtir l'avenir (chapitre 8) :
  - Le nouveau leader saisit pleinement l'opportunité qui lui est offerte aujourd'hui parce que c'est la seule qu'il est sûr d'avoir. Il se pose en défenseur des valeurs et croyances anciennes dont il a hérité.
  - Mais être enraciné dans une tradition ne revient pas à être figé pour autant. Le leader ne doit pas rester l'esclave du passé. Il ne doit pas craindre le changement mais l'initier avec espoir et optimisme. Il s'achemine vers l'avenir, il ne le fuit pas.

Un paradoxe semble émerger : l'énoncé de chaque précepte peut paraître contradictoire. Il faut apprendre à se connaître pour se dépasser et se placer au service des autres, s'immerger dans le monde tout en s'en retirant, défendre ses principes et embrasser le changement. C'est que diriger au sein de notre société complexe, soumise à une évolution tumultueuse, relève du défi mais aussi du paradoxe. Il faut aux leaders beaucoup de bon sens pour discerner les valeurs intangibles et nécessaires à son organisation de celles qui doivent évoluer parce qu'elles sont devenues obsolètes. Et les leaders sont censés résoudre tous les jours des dilemmes épineux, les examiner en détail puis prendre du recul pour les inscrire dans une perspective plus large, valable sur le long terme. Cette tension permet de stimuler notre imagination, notre implication, et nous aide à surmonter les problèmes de plus en plus compliqués qui jalonnent notre parcours.

Voilà pourquoi nous avons besoin d'hommes et de femmes qui comprennent bien leur mission et qui se sont préparés à l'accomplir ; et ce, au-delà de leur virtuosité technique et de leurs aptitudes exceptionnelles dans leurs domaines de compétence. Ce sont des conditions essentielles : nous ne pouvons rien accomplir sans supérieurs qualifiés. Mais ce que nous venons d'aborder, l'engagement d'une vie qui confère profondeur, substance et transcendance à nos leaders, se révèle être tout aussi important. La dernière chose dont nous ayons besoin à ce stade, ce sont des conseils prémâchés ou, pour employer le jargon des chefs d'entreprise, du « prêt à consommer ». Nos challenges vont bien au-delà de ça. Au cours des chapitres suivants, nous étudierons les convictions du pape François en matière d'autorité tout en nous efforçant de réfléchir sur les nôtres afin de nous engager davantage sur la voie du leadership.

Le grand leadership est spirituel

La plupart des comportements du pape François procèdent de la spiritualité jésuitique. Celle-ci présente un intérêt indéniable, que l'on partage ou non les croyances religieuses du pape, que l'on soit jésuite ou banquier d'affaires. Je l'affirme en connaissance de cause : j'ai moi-même été les deux, jésuite et banquier. J'ai suivi la même formation que le pape François, appris les mêmes exercices spirituels et les mêmes principes. Ils m'ont d'ailleurs été plus utiles et précieux en tant que banquier d'affaires que durant mes six années de séminaire chez les jésuites. Pour le pape et la Compagnie de Jésus, les valeurs et exercices présentés dans cet ouvrage sont clairement enracinés dans la religion. Je n'ai encore jamais rencontré le pape mais il n'a, à mon avis, aucune philosophie du leadership – il préfère se concentrer sur une seule et même priorité : suivre Jésus. Et sa formation de jésuite lui permet essentiellement d'inscrire ses pas dans ceux du Christ. C'est ce qui donne sens à la vie des compagnons et ce qui les anime ; les jésuites continuent leur instruction et s'adonnent à leurs *Exercices spirituels* dans ce seul et unique but.

Leur ordre et leur spiritualité (parfois qualifiée d'ignatienne en hommage à son fondateur) ont traversé cinq siècles et ont suffisamment résisté pour que les jésuites puissent appliquer leurs préceptes dans quasi tous les contextes culturels et à d'innombrables activités – et surtout qu'ils puissent « secourir les âmes », pour résumer leur mission. Le fondateur des jésuites imagina un ordre religieux ancré dans le monde et rejeta l'abri des monastères. Il lui fallut donc élaborer des exercices spirituels propices à assurer son succès dans le tumulte chaotique, divertissant, tentant et déroutant qui caractérise le monde du travail. Dans ces conditions, il n'y a rien d'étonnant à ce que les idées d'Ignace présentent autant d'intérêt pour les jésuites que pour nous, quelles que soient nos croyances religieuses.

Mais si on peut embrasser les principes de ce livre sans être chrétien ou croyant pour autant, il faut néanmoins garder l'esprit ouvert au paradoxe du grand leadership : il est profondément empreint de spiritualité.

Oui, que vous dirigiez un ordre religieux ou une usine, que vous soyez un catholique fervent ou un humaniste laïque, la gouvernance est spirituelle. Cette intuition nourrira les idées et exercices qui seront présentés un peu plus loin – idées et exercices qui ont déjà fait leurs preuves dans la vie du pape François.

L'un de nos directeurs généraux chez J.P. Morgan disait souvent : « Nos actifs les plus importants passent la porte tous les soirs. » C'est bien vrai. Le bâtiment dans lequel vous travaillez – quels que soient les résultats du bilan – n'a certainement aucune valeur, si vous ne tenez pas compte du personnel qui y travaille. Des gens y entrent et en sortent chaque jour, savent ce qu'ils font, s'impliquent dans la réussite de leur société, se montrent consciencieux et dévoués, soutiennent leurs collègues, prennent les bonnes décisions, se sentent concernés par leurs patients, leurs étudiants ou leurs clients, et présentent une centaine d'autres qualités qui font la différence entre l'échec et le succès. Dieu sait que nous pouvons retrouver ces comportements dans la vie active. Mais il nous est impossible de les saisir ou de les mesurer ; ils n'ont pas de place dans les bilans. Ils sont, en un mot, immatériels.

Les Grands le comprennent. Ils adoptent ce genre d'attitude et donnent l'exemple aux autres. Ils partagent le dégoût croissant que l'autorité et l'exercice du pouvoir provoquent chez leurs concitoyens. Les nouveaux leaders veulent mettre leur position à profit pour revoir et améliorer notre société et son organisation. Voilà le sujet de ce livre : les choix personnels susceptibles d'orienter et d'insuffler un nouveau leadership.

Chapitre 2

Exercices spirituels et téléphones portables : votre vocation de meneur d'hommes

Non, moi je n'ai pas voulu devenir pape. Tu as compris ?

Le pape François lors de sa rencontre avec les étudiants et professeurs d'écoles dirigées par les jésuites le 7 juin 2013

Comment se prépare-t-on à diriger au XXIe siècle ? Cette question pourrait obtenir des tas de réponses différentes, sauf peut-être celle-ci : consultez un manuel du XVIe siècle. C'est pourtant ce qu'a fait le pape François. Les croyances et compétences acquises au cours du XVIe siècle se révèlent extrêmement pertinentes pour relever les défis du XXIe siècle.

Une formation bien particulière

La formation de gouvernant du pape François ne m'est pas tout à fait inconnue, puisque j'ai suivi la même. Il a été séminariste jésuite, tout comme moi, bien qu'il l'ait été des décennies plus tôt et sur un autre continent. Le programme et les principes qui nous ont été enseignés sont, à peu de chose près, identiques. Ignace de Loyola en a défini l'approche il y a près de cinq siècles et l'essentiel est resté quasi inchangé. Par certains aspects, le contenu de l'enseignement n'a rien de très original : au cours de ses deux premières années, le postulant, appelé novice, étudie l'histoire et la spiritualité des jésuites, se plie à la culture de la Compagnie et au rythme des prières, soigne les malades, enseigne le catéchisme aux enfants et porte assistance aux défavorisés.

Mais il existe certaines particularités jésuites. Prenons un exemple. Ignace a recommandé ceci pour tous les novices : « Pendant un mois, ils iront en pèlerinage, sans argent, mendiant même aux portes (...) pour pouvoir s'habituer à mal manger et à mal dormir. » Ignace voulait libérer les novices de leur « confiance (...) dans l'argent ou dans d'autres choses créées » pour qu'ils ne s'en remettent qu'à Dieu. Le pèlerinage était destiné à encourager ce comportement[19].

Mais Ignace y vit d'autres bénéfices : il voulait endurcir les jésuites pour qu'ils puissent plus tard supporter l'inconfort et surmonter l'adversité. Je me souviens de mon passage à Quantico, la base des officiers *Marines* recrutés après des examens physiques et psychologiques très sélectifs. J'ai demandé au colonel quelles compétences il inculquait à ses recrues. Il en énuméra quelques-unes et marqua un temps d'arrêt avant d'ajouter : « Vous savez, en fin de compte, je ne cherche qu'une seule chose : qu'ils se sentent à l'aise dans n'importe quelle situation, même inconfortable. »

Amen. La vie moderne nous a peut-être dotés de tout le confort matériel possible, mais elle peut, par ailleurs, devenir particulièrement désagréable et nous soumettre à de fréquents bouleversements. On se demande, par exemple, si on aura toujours du travail dans dix ans, ou même dans deux mois. Ignace et ce colonel semblaient avoir la même préoccupation : donner à leurs recrues les armes nécessaires pour résister dans l'adversité. Certains écoliers américains étudient la vie de Jacques Marquette, un jésuite du XVIIe siècle, qui fonda la première mission européenne du Michigan. Il fut le premier Européen à explorer la vallée du Mississippi, qui s'étend sur plusieurs centaines de kilomètres. Sa formation de jésuite se révéla très utile : en France, alors qu'il n'était encore qu'un novice, il avait entrepris un pèlerinage de trois cents kilomètres, qui lui tint lieu d'échauffement pour cette aventureuse expédition.

Le pèlerinage était tombé en désuétude au moment où je commençai ma vie de jésuite. Les maîtres des noviciats avaient sans doute estimé qu'il s'agissait là d'une relique archaïque de l'esprit médiéval. Mais je me réjouis que cette tradition ait été réhabilitée. J'ai récemment lu quelque chose à ce sujet : des novices jésuites ont été déposés près de la frontière haïtienne avec un livre de prières et quelques vêtements, le strict minimum en somme, ayant pour mission de rejoindre une ville en République dominicaine. Existe-t-il meilleure formation que celle-ci pour de jeunes privilégiés, jésuites ou pas ? Marcher quelques jours seul avec ses réflexions, ignorant où trouver son prochain repas ou refuge, en proie à l'incertitude et à la peur qui s'intensifient, sentir ce que ça fait d'être marginalisé, et enfin découvrir sa capacité de résilience, enfouie en soi. Le pape compare régulièrement la vie à un voyage : qui saurait mesurer l'influence de sa formation jésuite sur son état d'esprit, et l'importance qu'il accorde à cette image ?

Au centre : les *Exercices spirituels*

Quelles que soient les petites retouches apportées par les jésuites à cette formation, c'est l'essence même du noviciat, de la vie jésuite et de la conception que le pape a du leadership. Les *Exercices spirituels* correspondent à une série de méditations développées par Ignace. Les novices entreprennent ces exercices pendant tout un mois, réfléchissent à la vie de Jésus, à leur existence personnelle, et cherchent le moyen de suivre les traces du Seigneur dans leur propre situation. À l'exception d'un entretien journalier avec son maître et d'une éventuelle pause d'une journée, l'apprenti jésuite passe un mois dans un silence complet. Les jésuites œuvrent dans plus de cent pays. Tous, toutes générations confondues, ont été moulés et forgés par ces *Exercices*. On m'a parlé d'un jésuite qui vivait dans un pays où la Compagnie de Jésus était proscrite. Il fut contraint de pratiquer ses *Exercices spirituels* dans le secret et de convenir de rendez-vous clandestins avec son maître pour bénéficier de ses conseils quotidiens dans un café ou une maison.

Ces *Exercices* jouent certainement un rôle fondamental dans la spiritualité du pape. Après tout, il a prié et traversé cette épreuve d'un mois non pas une, mais plusieurs fois : la première pendant son noviciat, puis quatorze ans plus tard à l'issue de sa formation jésuitique, et enfin comme maître des novices, chargé de les guider dans leurs méditations. Mais il ne s'en est pas tenu là : chaque année, les jésuites doivent effectuer une retraite de huit jours consacrée à ces *Exercices*. Elle correspond en quelque sorte à une mise à jour. Le père Bergoglio ne se contenta pas d'effectuer ses retraites annuelles. Il servit de guide à d'innombrables étudiants, jésuites et autres, tandis que le programme évoluait au fil du temps.

Pour le moment, ces quelques éléments suffisent à prouver l'importance des *Exercices* dans la vie du pape ; nous en aborderons les principaux thèmes dans les chapitres suivants.

Je ne m'explique pas pourquoi ces *Exercices* furent à peine mentionnés dans la vague de biographies qui déferla après l'élection du pape. Imaginez une biographie du président Dwight Eisenhower qui expliquerait sa vision du monde et sa façon de gouverner sans évoquer son parcours dans l'armée ou son expérience du front.

Une spiritualité conçue pour dépasser les frontières

La formation des jésuites diffère de celle des autres ordres religieux sur un point important : sa longueur. Elle est très, très longue. Jorge Bergoglio fut ordonné prêtre plus de onze ans après son entrée au noviciat. À ce moment-là, ses contemporains des séminaires diocésains avaient embrassé la prêtrise depuis des années. Ne vous méprenez pas : le père Bergoglio n'était pas un mauvais élève ; il m'aurait aussi fallu une douzaine d'années avant de devenir prêtre... ce qui me rappelle une blague de la Compagnie de Jésus : qu'offre-t-on à un jésuite pour fêter ses vingt-cinq ans dans l'ordre ? On l'ordonne enfin prêtre.

Ignace, ce rusé, avait ses raisons pour prolonger autant la formation. Examinons le contexte historique. À l'époque, la plupart des ordres religieux étaient partiellement ou complètement monastiques. Ils exigeaient que tous les membres de la communauté se rassemblassent plusieurs fois par jour pour prier ensemble. Ignace proposa un modèle plus volontariste, incompatible avec des prières communes et quotidiennes. Comment pourrait-on assurer le bon fonctionnement d'un lycée moderne si, trois ou quatre fois par jour, l'ensemble du personnel allait prier, laissant la bride sur le cou à des milliers d'étudiants débordant d'hormones ?

Ignace abattit tous les murs du monastère. Toute sa vie durant, et même après, les jésuites ont été envoyés aux quatre coins du monde : ils furent parmi les premiers Européens à poser le pied dans plusieurs contrées d'Asie et d'Amérique latine et élaborèrent ainsi les premiers dictionnaires d'Europe de langues non européennes. Les hauts faits de leurs expéditions restèrent néanmoins anecdotiques par rapport à l'objectif principal : s'ouvrir à des cultures non européennes – surtout par le biais de l'éducation – et présenter le catholicisme à des peuples d'autres confessions.

Cet esprit pionnier des jésuites enchanta le jeune Jorge Bergoglio qui rallia leur ordre dans l'espoir d'être un jour envoyé au Japon. Son rêve ne se réalisa jamais, mais la même flamme l'anime toujours. Pour sa première visite officielle dans une paroisse romaine, le pape François ne jeta pas son dévolu sur un chef-d'œuvre de l'art baroque, proche du Vatican. Il préféra se rendre dans l'église d'une banlieue éloignée et expliqua son choix aux paroissiens en disant : « Mieux vaut se placer en périphérie qu'au centre de la réalité pour bien la comprendre[20]. » Quelques semaines plus tard, il déclara à un jésuite journaliste à *La Civiltà Cattolica* : « Votre vraie place est à la frontière », à la frontière culturelle, où il faut « bâtir des ponts et non des murs » devant ceux qui ne partagent pas les croyances ou les visions catholiques[21]. Il recommanda aussi à une assemblée de fervents chrétiens de ne pas s'enfermer « dans la paroisse, avec les amis (...), avec ceux qui pensent comme nous » car « l'Église doit sortir d'elle-même. Pour aller où ? Vers les périphéries de l'existence, quelles qu'elles soient »[22].

Le pape François s'efforce de distiller cet esprit pionnier dans une Église qui, selon lui, est trop recroquevillée sur elle-même ; voilà la notion clé du changement culturel qu'il envisage. Par certains aspects, il rappelle ses ancêtres jésuites, qui firent de même aux XVIe et XVIIe siècles : eux ont repoussé les frontières géographiques. Dans une ère postmoderne où le message de l'Église ne trouve pas souvent d'écho, le pape François pense, lui, aux barrières culturelles.

Travailler sur les frontières n'a rien d'évident. Le risque ou la peur de s'égarer peut nous en dissuader. Imaginez les énormes défis que les premiers jésuites ont relevés. La plupart du temps, ils œuvraient seuls ou en équipes réduites. Les instructions du siège n'étaient pas données par téléphone ; il fallait compter, au mieux, plusieurs mois avant qu'une lettre envoyée du Japon atteigne Rome, et encore, si elle arrivait. Les jésuites devaient souvent s'en remettre à leur propre intelligence et à leur propre jugement pour résoudre un problème. En une génération ou deux, l'échelle du monde telle que l'envisageaient alors les Européens fut multipliée par trois. Et tandis que chez eux, en Europe, Martin Luther et d'autres réformateurs remportaient de grands succès en proposant de nouvelles façons d'aborder la religion et la spiritualité, l'allégeance à l'Église catholique s'amenuisait progressivement dans les autres pays.

Ignace tenait à ce que les jésuites soient totalement engagés dans leur époque, soumis à des changements perturbateurs. Une série de dilemmes cornéliens en découla. Il les résolut en concevant un long programme de formation intensive pour les membres de son ordre. Imaginez les problèmes d'organisation que cela a dû lui poser : puis-je vous inculquer des valeurs et une culture auxquelles vous devrez rester attaché alors que vous serez tout seul, à l'autre bout du monde ? Puis-je vous impliquer dans votre mission au point que vous la fassiez toujours passer en priorité, que vous respectiez mon mode de gestion quand vous serez envoyé en mission loin de nous ? Serez-vous en mesure, si nécessaire, de vous débrouiller par vous-même une fois là-bas ? Est-il possible de vous doter de compétences assez solides pour vous permettre de faire face à n'importe quelle situation ?

Relisez le passage précédent sous un autre angle. Ne voyez plus les jésuites en Amérique latine au XVIIe siècle, mais vous ou moi dans l'environnement complexe et palpitant d'aujourd'hui. Ne sommes-nous pas confrontés aux mêmes problèmes de formation, problèmes qui nous empêchent de façonner des collaborateurs flexibles et capables de s'adapter aux changements – ou, par extension, problèmes qui nous empêchent de préparer nos enfants à prendre en main leur futur ? L'Église ne doit-elle pas surmonter les mêmes difficultés pour donner d'elle une image positive et séduisante au monde d'aujourd'hui ?

On a compris depuis des années que nos affaires, nos églises, nos écoles et nos familles ont besoin de chefs forts, de guides pour les aider à suivre l'évolution galopante de leur environnement. Mais bizarrement, on n'a pas réfléchi très longtemps au meilleur moyen d'obtenir de tels leaders. Au lieu de cela, nous nommons à un poste de direction une personne intelligente et douée en espérant que tout ira pour le mieux. Mais l'espoir n'est pas une stratégie. Ignace de Loyola, lui, était prêt à investir le temps nécessaire pour préparer ses recrues à s'impliquer, à s'adapter et ainsi faire d'eux de grands leaders inventifs, loyaux et prêts aux changements. Notre sujet d'étude, le pape François, présente justement certaines de ces qualités.

L'aptitude à faire des choix

S'il y a une qualité importante, c'est bien celle de savoir faire les bons choix. Et Ignace ne l'ignorait pas. Il l'intégra même à son long programme de formation jésuite. Celui-ci obligeait en effet les séminaristes autant que les jésuites à bien peser les décisions liées à leur vocation. Le séminariste avait le temps de vérifier l'authenticité de sa vocation. Quant aux jésuites, ils observaient les différents comportements du séminariste et évaluaient son aptitude à vivre au sein de la Compagnie.

La longueur du processus fut une bénédiction autant pour Jorge Bergoglio que pour moi. Il confirma sa vocation de prêtre, et mon choix de quitter cette voie. Après nos noviciats et études de philosophie respectifs, nous avons tous deux enseigné dans des lycées jésuites, la dernière étape avant les études de théologie et la prêtrise.

J'ai aimé enseigner, j'adorais mes étudiants, mais au bout d'un moment, cela n'a plus suffi à mon bonheur. J'ai passé un certain temps dans le déni (je suis un homme, après tout) avant de me dire que mon malaise finirait par se dissiper. Et puis, progressivement, j'ai pris conscience que le moment était venu de suivre le sage conseil d'Ignace et de prendre une décision. Face à des choix de vie importants, il recommande de se servir de sa tête. On ne peut pas faire ce qui est contraire à la logique, à la morale et, enfin, à ses croyances. Mais si l'on se met à ressasser ses doutes, on peut s'engager dans la mauvaise voie ; aussi faut-il également écouter son cœur. En d'autres termes, je devais affronter ma profonde inquiétude en me plongeant dans la prière et la réflexion pour comprendre ce que me dictaient mes sentiments – ou peut-être s'agissait-il des indications de Dieu.

J'aurais certainement pu justifier ma vocation à la prêtrise (en me servant de ma tête), mais *me* correspondait-elle ? La réponse ne viendrait que d'une réflexion conjointe de mon cœur et de mon esprit. Comme c'est souvent le cas lorsqu'on « décide de décider », de faire le point sur ses sentiments et sur ce qui les motive, j'ai très vite pris une résolution. Je connais de nombreux prêtres heureux et sereins dans leur célibat. Mais ce don (ou cette grâce, cette vocation) ne m'avait pas été accordé. J'aurais pu rester et le traquer avec une résolution farouche, mais j'aurais été un prêtre triste, et le monde n'a pas besoin de prêtres malheureux (pas plus d'ailleurs que de banquiers d'affaires malheureux). Au moment de mon départ, j'enseignais l'économie dans un lycée jésuite. Brandissant ces biens maigres références, je parvins à trouver une place dans le programme de formation au management chez J.P. Morgan. Pendant dix-sept ans, j'ai eu la chance de me voir confier la direction de bureaux sur trois continents.

Pas seulement pour les leaders « spirituels »

Les premiers mois, ma formation jésuite ne m'aida pas beaucoup et m'embarrassa même une ou deux fois. Voici un exemple. Bien que les jésuites fassent vœu de pauvreté et soient donc en pratique dénués de tout, certains sont très attachés à leur serviette de table. Après le dîner, chaque jésuite quitte le réfectoire avec sa serviette qu'il range à l'office, dans un casier portant son numéro de chambre, et qu'il retourne chercher pour le repas suivant. Cette habitude, qui fut la mienne pendant sept ans, était tenace. Quand j'ai commencé chez Morgan, il m'est souvent arrivé d'intercepter le regard en coin, perplexe, d'un collègue à la sortie de la cantine du bureau. Il s'arrêtait sur mon costume à rayures puis sur la serviette en papier que je roulais machinalement comme pour la ranger (dans mon casier personnel).

Ce type de comportement ne fut pas le seul à détonner dans mon nouvel univers. Parmi les conseils dispensés par Ignace de Loyola, la pauvreté « doit être aimée et conservée dans sa pureté (...) en tant que mur solide de la vie religieuse[23] ». Puis je reçus le chèque de ma première prime et la prospérité me sembla, pendant un moment du moins, beaucoup plus appréciable que le dénuement. Ignace avait néanmoins raison sur un point : il remarqua que les possessions finissent par nous posséder. Au fil des années, j'observai avec un étonnement amusé certains de mes collègues améliorer leur train de vie dès qu'ils recevaient une nouvelle prime – ils s'achetaient une maison, puis une résidence secondaire, puis une deuxième voiture, plus luxueuse – jusqu'à ce que la richesse les tienne en esclavage : ils étaient dépendants de leur salaire de banquiers ; ils ne pouvaient plus se passer du confort de leur mode de vie. Mais j'étais si absorbé par les différences évidentes entre le monde des jésuites et le monde « matériel » qu'il me fallut du temps pour comprendre que certaines compétences et aptitudes me seraient très utiles dans ma nouvelle vie : savoir prendre les bonnes décisions, s'adapter à de nouveaux environnements, se consacrer à une cause plus grande que soi, se connaître soi-même, et des dizaines d'autres talents indispensables à l'organisation de la vie contemporaine.

Le problème, c'est que nous ne voyons pas comment les diffuser dans le cadre d'une entreprise, parce qu'il ne s'agit pas de qualifications à l'emporte-pièce. Et bien qu'Ignace ait trouvé le moyen de les enseigner, je n'en compris leur valeur que plus tard, lorsque survint un changement aussi rapide que perturbateur. Un après-midi, le futur entra dans nos bureaux de J.P. Morgan sous la forme de l'un de nos plus vieux clients et de deux ou trois cadres supérieurs d'Ericsson, une société de télécommunications suédoise. Ce fut l'illumination. Cette compagnie avait été fondée dans les années 1870 par un gentleman suédois (M. Ericsson, évidemment) qui réparait les installations télégraphiques. Grâce à la fiabilité et aux performances de ses équipements téléphoniques ainsi qu'à l'absence de concurrence dans ce secteur, Ericsson se développa et prospéra gentiment pendant des décennies. Ce jour-là, pourtant, les cadres de cette société semblaient avoir perdu la raison. Ils désiraient se lancer tête la première dans un nouveau secteur et nous demandaient de nous associer à leur investissement. Le concept ? La téléphonie mobile. Au lieu d'utiliser les signaux circulant dans des lignes comme pour les téléphones traditionnels, les ondes radio seraient envoyées et relayées par des transmetteurs fixés en haut de tours. Les télécommunications deviendraient totalement mobiles. Les humains, libérés des chaînes des lignes fixes, pourraient passer leurs appels de leur voiture, des restaurants, des parcs, de toutes les zones couvertes par le réseau.

Chez Morgan, nous étions au courant (ai-je précisé que le magazine *Fortune* nous consacra, à plusieurs reprises, meilleure banque américaine ?), nous avions entendu parler de la téléphonie mobile. Mais pour la première fois, dans mon département du moins, elle prenait la forme d'une proposition concrète et non d'une improbable technologie futuriste. Après le départ des cadres d'Ericsson, nous nous sommes réunis pour éplucher leur proposition. Nous étions sceptiques. Leurs prototypes de portables, gros comme des briques, nous parurent ridicules – qui pourrait bien en trimballer un dans sa mallette ? Qui en verrait l'utilité ? Ma maison et mon bureau étaient équipés d'un téléphone fixe ; quel besoin aurais-je de téléphoner en allant de l'une à l'autre ? Et surtout, le lancement du système exigeait un investissement colossal (c'est là que nous intervenions) : le continent américain s'étend sur plus de 9 millions de km^2. Qui financerait la construction des tours nécessaires à la couverture du pays ? Qui parierait sur une technologie qui n'avait pas fait ses preuves sur le marché ?

Nous avons donc préféré nous abstenir. Au début, notre défiance parut bien fondée. Seules les divas s'affichaient avec ces portables encombrants, ravies de s'entendre dire : « Je t'appelle de la limousine ; nous arriverons à ton bureau dans dix minutes. » Mais au bout de quelques années, il fallut se rendre à une évidence presque comique : nous, les magiciens de la meilleure banque américaine, avions commis une grosse erreur ce jour-là. Des vagues de nouvelles technologies déferlent actuellement sur nous : l'Internet mobile, la robotique, la télémédecine, la génétique, l'intelligence artificielle, l'imprimante 3D et la production d'énergie, pour n'en citer que quelques-unes. Elles révolutionnent tout : de notre façon de travailler au contrôle de notre santé en passant par le mode de paiement de notre café le matin au bureau.

Tout évolue si vite que même les cadres les plus avisés sont incapables de dire à quoi ressemblera leur secteur d'activité dans cinq ans. Jeff Bezos, le fondateur visionnaire d'Amazon, qui connaît bien le domaine des nouvelles technologies, compare notre époque à celle de l'avènement de l'électricité : « Nous disposons d'une nouvelle force que nous commençons à peine à savoir exploiter[24]. » C'est une idée revigorante : s'il ne s'agit là que du début, imaginez la suite. Mais elle est terrifiante. Où tout cela nous conduira-t-il ? Quelles en seront les répercussions sur ma vie ? Et sur celle de mes enfants ?

Que faudra-t-il faire pour continuer à prospérer au milieu de ces bouleversements technologiques si rapides et si nombreux ? La réponse a quelque chose d'illogique mais d'intéressant : on ne la trouvera pas dans la technologie. Autrement dit, personne ne peut maîtriser son évolution exponentielle année après année. Mieux vaut donc se concentrer sur le contrôle des compétences humaines, telles que savoir prendre d'importantes décisions dans des contextes incertains, rester concentré dans le tourbillon et le chaos permanents, suivre ses objectifs malgré les demandes qui détournent quotidiennement notre attention. Dans l'un de ses récents articles, le *Chronicle of Higher Education* a révélé que les jeunes demandeurs d'emploi ne manquaient pas de compétences techniques mais « de flexibilité. Ils ne savent pas gérer plusieurs priorités à la fois, prendre des décisions et résoudre des problèmes[25] ».

Très tôt dans ma carrière de manager, certaines phrases revenaient souvent pendant les réunions d'évaluation de nos jeunes cadres prometteurs, telles que : « Elle manie bien les chiffres » ou « Il a d'indéniables capacités d'analyse ». Seules ces compétences techniques distinguaient les bons éléments des mauvais.

Aujourd'hui, elles restent essentielles mais, considérées comme allant de soi, elles tiennent lieu de ticket d'entrée. Le milieu des affaires s'étant complexifié, les changements s'étant accélérés, on n'entend plus le même genre de commentaire à nos comités d'évaluation du personnel : « L'ambiguïté la déstabilise. Elle a besoin d'être encadrée », ou : « Il déteste le changement. Il n'a pas le sens de l'initiative », ou encore : « Il aime faire cavalier seul. Il ne s'intégrera pas à une équipe et ne soutiendra pas les autres départements. »

En fait, nous commençâmes à évaluer les individus sur des critères qui, jusque-là, étaient réservés aux directeurs exécutifs, comme : « Untel ne voit pas du tout la direction que devrait prendre cette entreprise. » Pour résumer tout ce qui précède : « Il faut que ce type se montre plus directif s'il veut gravir les échelons. »

Qu'est-ce qui fait vraiment un leader ?

Voilà pourquoi ce livre ne porte pas seulement sur le pape François et s'adresse à l'ensemble d'entre nous. Que vous le vouliez ou non, le conseil « ayez plus de charisme » découle inéluctablement de ce que nous vivons actuellement et qui constituera notre principal défi dans un futur proche. Au début de ma vie chez les jésuites ou de ma carrière chez J.P. Morgan, dès qu'on entendait le mot « autorité », on pensait au général des jésuites ou au grand patron de Morgan, parce qu'ils supervisaient leurs organisations respectives. L'ampleur, la complexité et l'allure du changement permettaient encore à une petite poignée d'individus de bien diriger leurs équipes ou leurs sociétés.

Mais les bouleversements technologiques et sociaux ont modifié notre conception du leadership. Ce terme ne nous évoque plus une seule personne mais un ensemble de comportements nécessaires à tous. Après tout, si l'on s'en réfère au dictionnaire, le leader « nous montre la voie (…) en nous précédant ou en nous accompagnant ». Il « guide ou mène, par la persuasion ou l'autorité, à une succession d'actions et de pensées ». Notez bien que « la responsabilité d'une multitude de personnes » ne fait pas partie de la définition. Il m'arrive souvent de donner un conseil pendant mes conférences sur le leadership : imaginez que vous ayez quatre mots tatoués sur le front : « direction », « influence », « choix » et « résultats ». Les leaders ne sont pas là où ils sont simplement parce qu'ils sont montés dans la hiérarchie, mais parce qu'ils ont su jouer de ces quatre mots selon les circonstances, en commençant par celles d'aujourd'hui : ils sont parents, pape, ou jeune employé fraîchement diplômé. Tout le monde peut se retrouver à cette place. Il suffit de manifester son sens de l'organisation, d'exercer une influence positive sur les autres, et d'accepter la responsabilité qui accompagne l'exigence de résultats.

Pensons par exemple à notre pape argentin de soixante-dix-huit ans. Il faut reconnaître que, selon certains critères, le pape François ne semblait pas bien préparé à endosser la charge dont il a hérité. Il n'a jamais travaillé à la Curie romaine, il était responsable de 2,5 millions de catholiques à Buenos Aires et maintenant de 1,2 milliard répartis sur les cinq continents. Nous vivons dans un monde connecté. Et pourtant… Dans l'une de ses interviews fleuve, il se déprécia en se décrivant comme mal à l'aise avec Internet, puis ironisa en ajoutant qu'il s'y mettrait plus sérieusement dès qu'il partirait à la retraite[26].

Cela ne l'empêche pas de nous diriger avec efficacité et énergie. Bien avant d'avoir prononcé son premier sermon, il a commencé à « montrer la voie », pour reprendre la définition du dictionnaire, en sautant dans un bus plutôt que dans une limousine, en abandonnant une croix pectorale en or pour sa croix en métal ou en faisant arrêter la Papamobile pour embrasser un handicapé. Nous avons tous reçu son message sur ce que l'Église devrait être : humble, simple, attentive aux besoins des pauvres, des laissés-pour-compte, des marginaux. En l'espace de quelques jours, il a mis des mots sur ses actes. Ses déclarations firent le tour de la blogosphère à toute vitesse : « Je voudrais une Église pauvre, pour les pauvres » et « Le vrai pouvoir, c'est le service ».

Son empressement à faire des choix en rupture avec la tradition a commencé à porter ses fruits, autre révélateur d'un grand leadership. Un des cardinaux du Vatican, le Ghanéen Peter Tukson, a déclaré que le train de vie simple du pape et l'attention qu'il porte aux plus défavorisés « impliqueraient que nous [à la Curie romaine] reconsidérions notre propre train de vie[27] ». Le pape n'a pourtant pas donné la moindre directive à ce sujet, et n'aura sans doute jamais à le faire. Ses actes ont parlé pour lui. C'est ça, le leadership. Dans un siècle placé sous l'égide de la technologie, les compétences du pape en la matière sont plus que minces. Mais dans ce XXIe siècle où les leaders font défaut, l'approche du pape paraît tout à fait correspondre aux attentes croissantes et générales. Si nous nous impliquons autant dans notre travail que dans notre vie, nous dirigerons aussi bien. À présent, étudions les six préceptes du nouveau leader.

Chapitre 3

« Le don de vivre pleinement » : soyez vous-même

N'ayez pas peur ! Nous sommes fragiles et nous le savons, mais Lui est plus fort !

Allocution du pape François, place Saint-Pierre, le 18 mai 2013

Un journaliste chevronné du Vatican fit le bilan des premiers mois du pape François en écrivant : « Pour l'opinion publique, François est sur le point d'atteindre le statut emblématique de Nelson Mandela, une personnalité à l'autorité morale incontestable[28]. »

Seul le temps pourra prouver la pertinence de cette comparaison. Mais voici ce qui est sûr à propos de ces deux hommes : nous leur portons une admiration sans bornes pour leur intégrité et l'orientation qu'ils ont donnée à leur vie. Leur façon de gouverner en a inspiré d'autres grâce à leur maîtrise d'eux-mêmes. Leur accession au pouvoir découla d'un long cheminement introspectif qui n'est pas toujours facile, comme en témoigne ce discours attribué à Nelson Mandela : « Mon plus grand ennemi ne fut pas celui qui me jeta en prison. C'était moi. Je craignais d'être ce que je suis. »

Cette phrase m'ébranla. Le premier président noir d'Afrique du Sud, père d'un pays ressuscité, ne semblait pas connaître la peur. Il passa près de deux décennies dans un sinistre secteur de la prison de Robben Island, à dépérir, avec pour tout lit une natte jetée sur le sol. On ne l'autorisait à recevoir qu'une visite par an et une lettre tous les six mois. Il accomplit la seule tâche que ses geôliers lui autorisaient : casser des pierres à coups de marteau pour en faire de plus petites. Et ce, jour après jour, année après année.

D'innombrables rocs furent ainsi broyés, mais pas son esprit. Son parcours rappelle celui d'un autre grand militant des droits de l'homme, Dr Martin Luther King Junior, qui tira de ses afflictions la leçon suivante : « Tandis que mes douleurs augmentaient, j'ai bientôt compris qu'il y avait deux façons de faire face à ma situation : ou bien réagir avec amertume, ou bien chercher à changer la souffrance en force créatrice[29]. » Comme lui, Mandela n'éprouvait pas de la rancune à sa sortie de prison, mais de la reconnaissance, et c'est à l'âge de soixante-douze ans qu'il entreprit la mission la plus importante de sa vie. Il définit un projet pour réformer l'Afrique du Sud, motiva ou amadoua parfois certains de ses compatriotes pour les rallier à sa cause, inspira espoir et enthousiasme, et le fit avec tant de charisme, de courage et d'assurance qu'il devint rapidement un sujet d'étude vivant : regardez, c'est comme ça qu'on dirige.

On a du mal à imaginer cet homme en train de dire : « Je craignais d'être ce que je suis. » J'ai longtemps pensé que seuls certains d'entre nous appréhendaient de se lancer dans la course au pouvoir. Depuis, j'ai compris que nous étions légion. Il m'est souvent arrivé de reprendre la citation de Mandela dans mes exposés aux dirigeants d'entreprises. Lorsqu'ils la lisaient, leurs visages confirmaient la pertinence de cette phrase, et je n'étais pas surpris de les entendre me confier leurs craintes, un peu plus tard, autour d'une bière. Oui, ces hommes et ces femmes qui réussissent très bien dans leur profession ont eux aussi un peu peur.

Bienheureuse ignorance ?

Seuls ceux qui n'ont jamais été bouleversés par un moment d'introspection parviennent à fanfaronner, l'air ravi et intrépide. Parce qu'ils n'ont pas conscience de leurs faiblesses et du naufrage, familial ou professionnel, que risquent de provoquer leurs choix idiots. En revanche, les consciencieux se tracassent, se torturent parfois à l'idée d'avoir mal géré les épreuves de la vie et d'avoir à en subir les éventuelles conséquences. Ils s'interrogent : à quel point doivent-ils sévir avec un adolescent en difficulté ? Faut-il renvoyer un subordonné inefficace ou lui accorder une troisième (ou une quatrième) chance ? Comment remotiver un personnel enseignant démoralisé ou comment combler un trou imminent dans le budget ?

L'impulsion d'une introspection peut paraître pesante – ne serait-on pas des leaders plus sûrs de nous si nous évitions de nous focaliser sur nos lacunes ou sur les dommages collatéraux de nos actions ? En effet, une fois ce travail terminé, le dirigeant se sent libéré et valorisé, prêt à s'accepter ou, comme le disait Mandela, à trouver le courage d'être lui-même. Oui, je suis bourré de défauts, mais je n'en suis pas moins doué pour autant. En définitive, je suis unique, chargé d'une tâche unique – les personnes spirituelles préféreraient employer le terme de « vocation ». Je dois ouvrir la voie. Malgré mes défauts, je suis doué et appelé à commander : ces convictions dynamisent, revigorent le bon leader.

« Je craignais d'être ce que je suis. » La pensée de Mandela m'est revenue à l'esprit lorsque j'ai songé aux premiers moments du pape François en tant que souverain pontife. Bien sûr, il n'a pas fait son apprentissage en prison, sur un tas de cailloux ; c'était le cardinal d'une grande métropole aussi charmante que, parfois, chaotique. Mais, comme le président sud-africain, il a relevé d'importants défis, prenant la tête d'une Église que ses plus fidèles soutiens jugeaient « en crise » ou, au mieux, « ayant désespérément besoin de réformes ».

Il avait toutes les raisons d'être intimidé par sa future tâche : il n'avait encore jamais travaillé au Vatican et se retrouvait cerné de prélats qui non seulement y avaient fait carrière, mais s'enorgueillissaient de maintenir un protocole complexe. Comme cet homme vieillissant a dû sentir le poids de l'Histoire et de la tradition peser sur ses épaules lorsqu'on l'a mené dans la « chambre des larmes » – chapelle qui porte bien son nom – pour se recueillir avant d'être présenté comme le nouveau pape de l'Église catholique ! Aucune institution ne révère autant la tradition que celle-ci. On entend souvent dire, sur différents lieux de travail : « On a toujours fait comme ça. » Les catholiques sont habitués à des remarques de poids évoquant par exemple « l'immuable tradition transmise par les apôtres ». On ne traite pas la Tradition à la légère.

Montrez le meilleur de vous-même

Il est donc d'autant plus étonnant que le pape François ait enfreint la tradition une demi-douzaine de fois durant ses deux premières heures de papauté : il a rejeté la cape rouge papale (la mosette), gardé sa propre croix pectorale plutôt que d'en choisir une plus précieuse parmi celles qu'on lui proposait, salué les fidèles rassemblés sur la place Saint-Pierre avec un simple « bonsoir » au lieu d'employer des tournures plus formelles, demandé la bénédiction de la foule de fidèles avant d'accorder la sienne et, finalement, renoncé à monter dans la limousine pour prendre le bus avec ses confrères cardinaux.

L'Osservatore Romano, le journal de référence pour les spécialistes du Vatican, qualifia cette « prestation » d'« étonnante et sans précédent »[30].

Sauf qu'il ne s'agissait pas du tout d'une prestation. Nous ne regardions pas quelqu'un tenir le rôle du pape. Nous observions un homme qui ne craignait pas d'être lui-même : Jorge Mario Bergoglio, appelé à la papauté, et non un quidam qui aurait revêtu un costume pour jouer un nouveau personnage. S'il parut déconcerté, ce fut en effet par le costume, trop majestueux pour qu'il s'y sente à l'aise. Au cours de ces premières quarante-huit heures, deux connaissances m'ont fait la même remarque à son sujet : « Waouh ! Qu'est-ce qu'il a l'air bien dans sa peau ! » Oui, absolument. Soyez bien dans votre peau. Connaissez-vous vous-même, vos bons côtés comme vos mauvais. Et trouvez le courage de vous dépasser pour donner le meilleur de vous-même. Voilà les bases de la maîtrise de soi. Tout leadership repose là-dessus, parce que vous ne pouvez pas diriger les autres si vous ne savez pas vous maîtriser vous-même. Et vous ne parviendrez pas à vous maîtriser si vous n'avez pas travaillé pour vous connaître.

Ce que vous trouverez ne vous plaira pas forcément. Tout le monde a des défauts : les démons de l'égocentrisme, la soif de pouvoir, la peur, le manque de confiance obsèdent tous les dirigeants. Le leadership ne dépend donc pas seulement de la connaissance de soi, mais aussi de la volonté de combattre ses démons. Après tout, si vous n'avez pas cherché à dompter vos faiblesses pour devenir le meilleur possible, comment voulez-vous l'exiger de nous ?

Personne ne vient à bout de tous ses points faibles. Le travail d'introspection ne s'achèvera que lorsque vous réussirez à vous accepter sereinement, en ayant la conviction que vous seul, malgré vos défauts, apporterez une contribution précieuse. Une fois que vous en serez persuadé, alors seulement pourrez-vous nous convaincre de suivre votre exemple.

Le pouvoir de la reconnaissance bienveillante

En travaillant sur ce livre, j'ai discuté avec un certain nombre de jésuites qui avaient vécu ou collaboré avec le père Bergoglio. Je voulais voir le leader « dans les coulisses ». Observer un dirigeant communiquer en public n'est pas dénué d'intérêt, mais le caractère du personnage transparaît d'autant mieux dans la façon dont il traite ses collègues une fois les caméras éteintes. Je m'intéressais surtout aux jésuites qui avaient effectué leur formation sous la tutelle du père Bergoglio ; les valeurs et priorités qu'il inculquait à ces novices révéleraient sa conception du leadership. Le père Hernán Paredes, un jésuite équatorien qui travaille aujourd'hui à New York, a accepté de répondre à mes questions. Il me raconta de nombreuses anecdotes et me donna quelques aperçus du personnage, notamment celui-ci : « C'était très important pour lui que nous nous aimions et que nous nous acceptions tels que nous étions. » Parmi toutes les convictions que nous venons de décrire, ce sont les plus profondes du père Bergoglio : les leaders doivent trouver la sérénité dans l'acceptation de soi, et apporter leur précieuse contribution malgré leurs défauts.

Prenez ces deux citations comme les deux pôles de l'introspection transformatrice qui précède tout effort pour diriger. « J'avais peur d'être ce que je suis » caractérise ceux qui n'ont pas encore travaillé sur eux-mêmes. « Waouh, qu'est-ce qu'il a l'air bien dans sa peau ! » s'applique à ceux qui l'ont fait et sont prêts à prendre les commandes.

Entre les deux, l'introspection, pénible mais enrichissante, donnera naissance à quatre qualités voisines qui, ces dernières décennies, rencontrent un certain succès dans la littérature sur le leadership : la conscience de soi, l'intégrité, l'authenticité et la sincérité. La conscience de soi constitue le socle de toutes les autres : l'authenticité et la sincérité seront à ma portée une fois que je me connaîtrai, que je saurai ce que je représente et quel sens je veux donner à mon existence. Et l'intégrité revient plus (ou moins) à comprendre que je dois respecter ces valeurs quoi qu'il advienne ; il faut que je gère ma vie dans sa « totalité » (l'étymologie du mot intégrité est « totalité ») et non par séquences successives. Autrement dit, je ne peux pas demander à mes subordonnés d'adopter un comportement que je n'affiche pas moi-même, être un parent aimant à la maison et un tyran au bureau, vous donner ma parole aujourd'hui et y manquer demain, proclamer certaines valeurs à l'église ou à la mosquée et ne pas les défendre au travail. À quoi ressemble l'intégrité personnelle ? Alejandro Gauffin, un prêtre jésuite qui fut l'étudiant du père Bergoglio il y a un quart de siècle, assista aux premiers jours du pape et me confia : « Tout ce que je vois du nouveau pape aujourd'hui, tout ce que j'entends (...) je l'ai vu et entendu à l'époque (...) je me revois avec lui à la paroisse, quand il m'enseignait qu'on ne prêche que par l'exemple. »

Ceux qui maîtrisent à la fois les qualités personnelles – d'intégrité, de courage, d'authenticité et de respect de soi et des autres – et les qualités techniques dirigent avec caractère. Que dire de tous ceux qui refusent d'essayer ou qui considèrent la notion même de « caractère » comme floue et accessoire pour un leader techniquement compétent ? Eh bien, nous ne pouvons plus nous permettre d'avoir des dirigeants qui négligent l'importance de cette force ; ils nous causent trop d'ennuis.

Ne me croyez pas sur parole. Référez-vous à ceux qui ont mené des hommes et des femmes dans les pires situations possibles. Le général Martin Dempsey, chef d'état-major de l'armée des États-Unis, est responsable de 500 milliards de dollars de budget annuel et de deux millions de personnes qui travaillent sous ses ordres. Les enjeux sont considérables pour les hauts responsables militaires : la vie d'êtres humains en dépend. Voici la conclusion que le général Dempsey en a tirée : « Je peux avoir un subordonné doté d'un très fort tempérament qui ne saura pas se dégager d'une base d'opération avancée parce qu'il est incompétent (...) et il ne me servira à rien. Inversement, un autre pourra présenter de très grandes compétences, maîtriser toutes les subtilités de la profession, mais n'incarner aucune valeur. Et il ne me servira à rien non plus[31]. »

L'ancien général Norman Schwarzkopf, qui dirigea les forces de coalition durant la guerre du Golfe, fit une déclaration similaire : « Le leadership repose sur l'alliance puissante de stratégie et de caractère. Mais s'il faut renoncer à l'un des deux, sacrifiez la stratégie[32]. » Leurs déclarations tranchantes ne surprendront pas ceux qui ont travaillé pour des structures contemporaines souffrant d'un manque de fortes têtes. On rencontre deux profils types dans la jungle de l'entreprise : les reptiles qui ont tellement pris l'habitude de muer qu'ils ne sont jamais très bien dans leur peau, et les caméléons qui camouflent leur ambition démesurée en disant une chose le matin et son contraire l'après-midi. La seule vraie conviction qu'ils refusent d'avouer publiquement ? Nous ne leur sommes utiles que si nous pouvons les aider à progresser.

Ils auront donc beau nous faire de grands discours sur le travail d'équipe, le respect mutuel, et la mission qui passe avant l'intérêt personnel, ils ne seront jamais très convaincants. Les actes ne suivent jamais leurs paroles, et ce décalage ne va pas sans dommages. Il y a des chances pour que les lecteurs de ces lignes pensent aux éléments véreux de leur entreprise, mais ce fléau gangrène toutes sortes d'institutions. À titre d'exemple, regardez avec quelle vigueur le pape s'est confronté à sa propre Église. « Le décalage entre ce que disent les fidèles et les pasteurs, et ce qu'ils font, entre leur parole et leur façon de vivre, mine la crédibilité de l'Église[33]. »

Les leaders qui ne se connaissent pas ou qui ne sont pas honnêtes envers eux-mêmes ne peuvent pas diriger correctement parce qu'ils ont perdu leur plus puissant instrument : la force de l'exemple. Sans elle, le meneur déclare, de façon implicite : « Faites ce que je dis, pas ce que je fais », ce qui n'est pas très stimulant. En ne donnant pas l'exemple, les leaders en sont réduits à s'appuyer sur la peur, la manipulation, l'exercice brutal de l'autorité ou le salaire pour nous amener à les suivre. En revanche, grâce à l'intégrité, la vie du meneur suggère simplement, avec élégance : « Suivez-moi. » Quand j'ai demandé au père Paredes ce qu'il avait appris du père Bergoglio, il a réfléchi une minute, haussé les épaules et répondu : « C'est sans doute en le regardant que j'ai le plus appris (...) Je voulais suivre cet homme, lui ressembler, l'imiter en tout et pour tout, que ce soit pour dire la messe ou pour les tâches ménagères. » Voilà un leadership qui a du caractère.

Les leaders qui en manquent provoquent de sérieux dégâts. En témoigne le sondage mené chaque année par le prestigieux cabinet de relations publiques Edelman. Il demande aux habitants de douze pays s'ils estiment que leurs gouvernants « disent la vérité, même quand elle est difficile et impopulaire ». Les résultats : 18 % des personnes sondées dans le monde pensent que leurs chefs d'entreprise leur disent la vérité, contre 13 % de confiants à l'égard des chefs de gouvernement[34].

Une civilisation fondée sur une telle défiance ne peut décemment pas prospérer sur le long terme. Ceci explique la vague d'ouvrages sur le management qui déferle sur nous. Tous leurs auteurs tirent la sonnette d'alarme et demandent le retour de l'intégrité pour un meilleur leadership. Il est néanmoins plus facile de défendre la probité que de l'inculquer. Former à des compétences techniques pose moins de problèmes que forger un caractère. On sait bien mieux dispenser des savoirs, mêmes complexes (comme le protocole d'une intervention neurochirurgicale ou l'ingénierie d'un gratte-ciel de cent étages), que l'art de diriger avec caractère une société de santé publique ou une entreprise de construction. Helen Keller, la première Américaine sourde et aveugle à avoir obtenu sa licence, affirme qu'« on ne se forge pas un caractère dans la facilité et la tranquillité. L'âme ne s'endurcit que dans l'épreuve et la douleur qui inspirent l'ambition et assurent le succès[35] ».

Les défis personnels forgent la connaissance de soi

Je connais de nombreux leaders qui se sont façonné une connaissance d'eux-mêmes et un dessein dans le creuset de leurs défis personnels, y compris le pape François, je crois. Après avoir décidé d'entrer au séminaire, il expliqua avoir effectué une traversée du désert, éprouvé une « solitude passive[36] », sans raison apparente ni crise existentielle. Que se passait-il en lui ? Il ne l'a pas précisé. Peut-être eut-il l'impression d'être « en rade », inscrit dans le monde mais sans attirance pour la quête de plaisirs matériels ou la perspective d'une carrière ; et pourtant, il se sentit incapable de se lancer, au séminaire, sur la voie de son destin. Peu après, il traversa une véritable crise, au sens littéral. À l'âge de vingt et un ans, il tomba très malade, frôlant la mort à cause d'une infection pulmonaire. Pris d'une terrible fièvre, souffrant d'une sérieuse pneumonie, son poumon droit grignoté par trois kystes, il faillit mourir et demanda à sa mère, dans une peur panique : « Dis-moi ce qui m'arrive[37]… »

Voici la leçon qu'il tira de cette expérience des années plus tard : « La souffrance en elle-même n'est pas une vertu, mais la façon de l'accepter peut y conduire[38]. » En tant que chrétien, il envisage le chemin de croix de Jésus comme « le germe de la résurrection ». Par analogie, toute sa conception de la souffrance repose sur le sens « de la transcendance (…) Comprendre et faire l'épreuve de la souffrance est un don. Le don de vivre pleinement[39] ».

Cette idée tire sa source de sa foi chrétienne, bien sûr. Mais les êtres humains se sont penchés sur le mystère des souffrances bien avant que Jésus ne vienne au monde. Comme le dit le tragédien grec Eschyle : « On apprend la sagesse sous la férule de la douleur. » Le pape Jean-Paul II compara la souffrance à « une graine amère contenant le germe d'une vie nouvelle[40] ». Nous ne cherchons pas du tout à faire l'apologie de la souffrance ou à l'ériger en culte : nous ne vivons pas hélas, dans un monde où les enfants ignoreront la douleur. On ne peut pourtant toujours pas expliquer ce mystère : les défis, déboires, échecs, tourments nous accablent tous, et ces épreuves révèlent les leaders à eux-mêmes. Elles nous forcent à découvrir notre aptitude à la résilience et nous poussent aussi à réfléchir sur des questions existentielles : Pourquoi suis-je là et qu'est-ce que j'attends de la vie ?

Et si l'existence ne nous contraint pas à une autoanalyse, nous devons trouver un autre moyen de l'entreprendre pour découvrir les convictions essentielles qui feront de nous des leaders. Mais comment y parvenir ?

Et si nous commencions par une simple question : que savez-vous de vous-même et de votre rôle dans le monde ?

Un principe personnel simple

C'est ce que fit le pape. Peu de temps avant son ordination, Bergoglio écrivit, à trente-deux ans, un petit credo (ce mot signifie « je crois ») à un moment qu'il qualifia de « grande intensité spirituelle[41] ». Il a conservé le morceau de papier depuis et l'a montré à un journaliste près de quatre décennies plus tard. Ce n'est pas un credo théologique explicite comme ceux que les chrétiens récitent à l'église, ni un traité de philosophie stérile qu'on citerait dans un exposé. Son écrit pourrait correspondre à un piquet planté dans le sol et destiné à lui rappeler sans cesse ses convictions profondes. Il s'agit d'un document très personnel et, par déduction, extrêmement particulier : il reflète ses croyances religieuses, mais toujours à travers le prisme de sa propre histoire. Au lieu d'y affirmer : « Je crois en la vie après la mort », il y consigna : « Je crois que Papa [son père] est au ciel avec le Seigneur »[42].

Quel exercice percutant : résumez en deux cents mots, sur moins d'une page, vos plus profondes convictions et ambitions, vos relations clés, l'humanité, Dieu, et votre rôle ici-bas. Un grand pas vers la conscience de soi… Comme il sera intéressant de ressortir cette feuille de son classeur tous les deux ou trois ans pour noter ce qui a ou n'a pas changé et pour y réfléchir !

Le père Bergoglio a sans doute profité d'un moment d'inspiration pour rédiger le sien à l'approche de son ordination, mais sa formation jésuite l'avait déjà bien initié à l'art de l'introspection. Il s'était soumis au mois d'*Exercices spirituels*, aux retraites annuelles d'une semaine, et avait suivi un régime de méditations quotidiennes pour maintenir son cap.

Bien qu'à première vue son credo se présente sous la forme d'une succession d'idées spontanées, en y regardant de plus près, des thèmes dominants apparaissent, une série de certitudes personnelles intimement liées aux *Exercices spirituels*. Celles-ci, une fois adaptées aux croyances religieuses de chacun, peuvent devenir celles de tous les leaders.

Premièrement, *je suis plein de défauts*. À trente-deux ans, le père Bergoglio est douloureusement conscient de ses faiblesses et de ses failles ou, pour reprendre des termes chrétiens, d'être un pécheur. Son credo confesse : « l'égotisme dans lequel je me réfugie » et « la mesquinerie de mon âme qui cherche à prendre sans donner (…) sans donner »[43].

Deuxièmement, *je suis bon et doué*. Aucune trace de dévalorisation consécutive à l'honnête évaluation de ses défauts. Bizarrement, c'est plutôt le contraire. Il semble optimiste et heureux : « Il me tarde de découvrir la surprise que me réserve chaque jour[44] », écrit-il. Il s'accepte complètement, peut-être parce qu'il se sent confiant et aimé : « Je crois en la patience de Dieu, chaleureuse, douce comme une nuit d'été… Je crois en Marie, ma mère, qui m'aime et ne m'oubliera jamais[45]. » De plus, il est conscient de pouvoir offrir ses dons au monde, en commençant par le premier dont dispose tout être humain : « Je crois vouloir aimer beaucoup (…) Je crois en la bonté des autres et je devrais les aimer sans peur, ne jamais les trahir au nom de ma propre sécurité[46]. »

Troisièmement, *je suis appelé à offrir mes dons*, pour tenir un seul rôle, celui de leader. Le credo de Bergoglio mentionne un incident décisif qui survint l'année de ses dix-sept ans, un incident si inéluctable qu'il se souvient de la date : le 21 septembre. En allant à un pique-nique avec des amis, parmi lesquels se trouvait une jeune femme qui lui plaisait, il s'arrêta dans une église, en vint à se confesser à un prêtre qu'il n'avait encore jamais rencontré, et en fut si bouleversé qu'il décida ce matin-là de changer le cours de sa vie. Il renoncerait à ses projets de devenir pharmacien ou médecin et entrerait au séminaire l'année suivante. En sortant de l'église, il rentra chez lui, laissant ses amis l'attendre à la gare[47]. Son credo évoque cet instant : « Je crois en la propre histoire de ma vie, que perça le regard plein d'amour de Dieu et (…) Il guida mes pas pour aller à sa rencontre et m'inviter à le suivre[48]. »

Travers, dons, bonté fondamentale et vocation : ces convictions sont liées par la même dynamique. Il ne s'agit pas de dire : « J'ai des défauts. Je suis arrogant et personne ne peut travailler avec moi. Mais je me suis accepté comme je suis et je vais assumer mon arrogance dans ma vie de tous les jours. Alors autant l'accepter toi aussi. » Non. Être appelé à diriger ne revient pas simplement à s'accepter, mais à admettre la responsabilité que l'on endosse : celle d'aspirer à devenir la meilleure version de soi possible en travaillant inlassablement sur ses défauts. Ce n'est pas non plus affirmer : « J'ai une vocation et un rôle à tenir à condition que j'arrive d'abord à me transformer en une version plus que parfaite et surhumaine de moi-même. » Non. L'injonction à diriger commence maintenant, avec la personne que je suis maintenant. Ceux qui ont des notions de spiritualité jésuite devineront tout de suite d'où Bergoglio tire sa vision du monde, parce que la première semaine des *Exercices spirituels* repose exactement sur la même dynamique.

À humains imparfaits, vies médiocres

Avant tout, nous, êtres humains, avons des défauts. Tout du moins, vous ou moi, nous le formulerions ainsi. Ignace, dans sa réflexion sur l'imagination religieuse de son époque, le tournait de façon plus brutale : « Je me regarderai comme un ulcère et un abcès d'où sont sortis tant de péchés, tant de crimes et tant de souillures honteuses[49]. » Est-ce assez clair ? Au cas où les postulants jésuites ne le comprendraient pas, Ignace les fait méditer sur leurs péchés non pas une, mais plusieurs fois.

De nombreux lecteurs ne se sentiront pas concernés par ce vocabulaire ; certains se demanderont ce que vient faire le mot « péché » dans un livre qui traite du leadership. Mais qu'importent vos croyances, nous pouvons tomber d'accord sur un point : les humains sont faibles, faillibles et sous l'emprise de leurs démons intérieurs tels que l'avidité, l'égocentrisme et les ressentiments mesquins. Nul ne peut bien diriger sans connaître et affronter ses démons intérieurs. En ignorant nos pires côtés, nous nous moquons de nous ou de notre entourage. Nous manquons d'épaisseur, d'authenticité et de la force de caractère nécessaire pour devenir leader.

Mais celui qui se croit bon à rien n'y arrivera pas non plus. Ces méditations préliminaires ne doivent pas conduire à l'apitoiement sur soi mais, comme l'expliquait Ignace, au « cri d'étonnement d'une âme profondément émue[50] ». Non seulement je suis toujours là, malgré mes péchés et mes vices, mais me voilà destiné à un rôle glorieux, celui de collaborer avec Dieu pour faire de ce monde ce qu'il devrait être : un endroit où chacun aurait la possibilité de s'épanouir dans la dignité.

Ces profondes convictions ressurgissent continuellement dans la vie de Jorge Bergoglio. Quelques années à peine après avoir écrit ce credo, il fut nommé à la tête des jésuites d'Argentine – ou de la province d'Argentine, pour reprendre leurs termes – à l'âge incroyablement précoce de trente-sept ans. En tant que tel, il fit partie des trois cents privilégiés à participer à la 32e Congrégation générale de l'ordre à Rome, en 1975. Il s'agit du plus grand forum sur la direction et la stratégie des jésuites, capital en ce qu'il ne se réunit en moyenne que moins d'une fois tous les dix ans. L'un des décrets approuvés par Bergoglio et les autres délégués, intitulé « Les jésuites aujourd'hui », cherchait à définir « l'identité jésuite de notre époque ». En voici la phrase d'introduction : « Qu'est-ce qu'être un jésuite ? C'est se savoir, bien que pécheur, appelé à rejoindre la Compagnie de Jésus comme Ignace avant nous… »[51] L'idée devrait commencer à vous être familière : on a des défauts et une vocation. Prenez un moment pour vous laisser émerveiller par cette phrase : l'identité profonde de toute l'institution jésuite repose sur l'humble confession de sa faiblesse. J'ai longtemps travaillé pour une entreprise qui s'enorgueillissait d'être la meilleure banque américaine ; tels des perroquets, nous répétions sans arrêt le slogan de J.P. Morgan : nous ne faisions que « des affaires de première classe avec des méthodes de première classe ».

Certains collègues étaient un peu trop fiers de la réputation de la boîte, s'imaginant que le slogan s'appliquait à eux, personnellement. Notre opinion irrévérencieuse sur ces âmes arrogantes : « Ce mec commence à prendre la grosse tête. » À l'inverse, d'autres collègues parvenaient à gravir les échelons jusqu'à la grisante sphère des cadres dirigeants sans perdre le sens des réalités. Ils y ont gagné dans leur aptitude à diriger : sûrs de leurs points forts et de leur mérite fondamental, ils ont pu reconnaître ouvertement leurs lacunes et demander à leurs collaborateurs de les combler. Leur authenticité leur a valu la loyauté de leurs subordonnés, et des félicitations que les banquiers blasés concèdent parfois à leurs cadres, du genre : « Elle n'a pas oublié d'où elle venait. »

On pourrait dire la même chose du pape François. Il fut consacré évêque en 1992 et cette étape marqua sa propre ascension dans la stratosphère hiérarchique de l'Église. Il a alors choisi la devise qu'il brandit désormais sur le trône du Saint-Siège, *Miserando atque eligendo*, c'est-à-dire « Choisi parce que pardonné ». Cette phrase fait référence à un épisode de l'Évangile dans lequel Jésus demande à Matthieu de le suivre. Matthieu était un collecteur d'impôts, membre de l'espèce honnie qui s'enrichissait sur le dos des paysans pauvres. Jésus choisit de prendre Matthieu pour apôtre, choix étonnant dans la mesure où il s'agit d'un homme imparfait qui mène une activité moralement condamnable. Pourtant Jésus, « dans sa miséricorde », l'appelle à employer ses talents d'une autre façon (Matthieu, 9.9).

Cette devise cristallise les principes d'introspection du pape : malgré ses défauts, un homme est invité à mettre ses talents au service d'une tâche importante. Comme le dit le proverbe : « On ne peut donner que ce qu'on a. » Il fallait que Bergoglio comprenne ce qu'il était, sa dignité sans pareille et sa vocation avant de pouvoir exercer ici-bas un leadership efficace.

Un enseignant qui comprenait et acceptait les défauts

En examinant sa méthode d'interaction avec les étudiants et les séminaristes jésuites au fil des années, on pourrait dire : « C'est parce que les vrais leaders se connaissent bien qu'ils peuvent former les autres. » Prenons l'exemple de Roberto Poggio qui, dans les années 1960, fit sa scolarité dans le prestigieux lycée jésuite du Colegio del Salvador à l'époque où le père Bergoglio y enseignait la littérature et la psychologie. Au cours d'un entretien, Poggio s'est souvenu d'un incident survenu pendant sa dernière année : « C'est arrivé pendant une rencontre sportive. J'ai giflé un petit gamin, le genre de choses qui arrivent dans le sport, rien d'extraordinaire en somme, mais ça a dégénéré en bagarre. » Le père Bergoglio l'a appris et « il m'a convoqué le lendemain, dans une salle, à une heure donnée (...) En arrivant, j'ai vu dix de mes meilleurs amis assis en cercle et le père Bergoglio un peu à l'écart. Il m'a demandé de leur raconter en détail ce qui s'était passé, et cette scène m'a marqué à vie. Mes amis se sont montrés compréhensifs, m'ont donné des conseils, et c'est comme si on m'avait soulagé d'un fardeau. Je ne me suis senti ni jugé, ni accusé. » Le père Bergoglio se dispensa d'intervenir, et c'est tout juste s'il regarda les amis de Poggio mener l'entretien. Finalement, il décida du châtiment approprié : Poggio fut suspendu de toute activité sportive pendant deux semaines et dut se rendre dans la classe du gamin pour lui présenter ses excuses.

J'ai, moi aussi, enseigné dans un lycée jésuite au cours de ma formation, et j'y ai « pincé » de nombreux adolescents en flagrant délit de mauvaise conduite. Je leur ai généralement infligé toutes sortes de punitions absurdes, en les forçant, par exemple, à rester dans une salle une heure assis à ne rien faire. Au mieux, ces pensums les incitèrent à regretter leur comportement, au pire, ils se sentirent humiliés devant leurs camarades et nourrirent du ressentiment envers l'école. Avec le recul, comme je me sens bête en me remémorant la leçon que le père Bergoglio a su tirer d'une bagarre de cour de récréation. Moi, je voulais simplement corriger une déviance de comportement ; lui, il se préoccupait de préparer un jeune à bien diriger sa vie. Tous les sujets de ce chapitre se retrouvent dans ce microcosme qu'il a créé avec Poggio et ses amis : en leur faisant confiance pour conduire leur propre miniséminaire sur la faiblesse humaine, la dignité, la nécessité d'assumer ses responsabilités et d'accepter l'appel à se perfectionner. Ce n'est pas là ma conclusion, mais celle de Poggio. Voici son résumé de l'incident : « Jorge Mario Bergoglio fut surtout celui qui nous aida à tirer le meilleur de chacun d'entre nous. Il nous a appris à avoir une meilleure estime de nous. »

Le prêtre n'en était pas à sa première tentative innovante. Quand Hernán Paredes me confia que le père Bergoglio attendait de ses postulants qu'ils s'aiment et s'acceptent tels qu'ils étaient, je lui ai demandé de préciser, de me donner un exemple de la façon dont il transformait ces paroles, qui sonnaient si bien, en actes. Paredes m'en confia un, plutôt surprenant. Il avait fait partie d'un groupe de jésuites équatoriens envoyés suivre leurs études au Colegio Máximo San José, un grand établissement tenu par la Compagnie de Jésus dans la banlieue de Buenos Aires et dirigé alors par le père Bergoglio. Bien que Paredes ne l'ait pas formulé ainsi, on aurait dit, à l'entendre, que les Équatoriens, parachutés au milieu des Argentins, étaient considérés comme des ploucs fraîchement débarqués à la capitale. Un jour, l'un des collègues équatoriens de Paredes arriva vêtu d'une veste andine traditionnelle, appelée *otavalo*, avec des dessins de lamas intégrés un peu partout dans la trame du tissu. Le pauvre garçon arborait fièrement ce symbole de sa patrie jusqu'à ce qu'un Argentin sans pitié se moque de lui. Ils le traitèrent comme le seraient des péquenauds qui débarquent en tennis blanches et polo rayé, une banane autour de la taille, dans un club branché new-yorkais fréquenté par une clientèle élégante et sophistiquée. L'incident arriva aux oreilles du père Bergoglio ; il a simplement invité l'Argentin à porter la veste de son camarade pendant une semaine. Le jeune jésuite est alors devenu un sujet de réflexion ambulant pour toute la communauté. Il rappelait quotidiennement que la dignité implique de s'accepter tel qu'on est, et le caractère, d'accepter les autres tels qu'ils sont.

Le nouveau leader : commencez par vous-même

La nature de la formation jésuite et des *Exercices spirituels* est bien sûr fondamentalement chrétienne, mais son « architecture » est d'autant plus pertinente que nous tentons de nous améliorer, nous, nos enfants, nos étudiants, nos subordonnés, pour incarner le type de leader dont nous avons tous besoin. La Compagnie de Jésus forme ses postulants pendant des années avant de les envoyer partout dans le monde. Elle ne cherche pas seulement à leur faire acquérir les compétences techniques nécessaires à l'enseignement, au prêche ou à la gestion d'associations caritatives. Leur formation est axée sur une question bien plus importante : être humain, qu'est-ce que ça signifie ? Et même si les *Exercices spirituels* visent un but final, inscrire le jésuite dans les pas de Jésus, leur première préoccupation porte sur le soi : observez-vous, examinez vos valeurs existentielles et vos comportements.

Les jésuites apprennent les méthodes d'introspection et celles-ci perdureront et resteront efficaces quels que soient les changements d'activités ou les défis. Mais ils se forgent aussi des convictions essentielles. Pour les jésuites, ces dernières puisent leur source dans la religion. Mais il se trouve que tout leader, homme ou femme, doit lui aussi découvrir les siennes pour diriger avec intégrité et caractère.

- Je suis imparfait. Je ne peux pas exercer mes responsabilités si je laisse libre cours à toutes mes impulsions. Je me dois de combattre tous mes démons.
- J'ai des qualités et je suis fondamentalement bon. Je peux contribuer, à ma façon, et donc :
- Je suis appelé à diriger.

Oui, mais à quelle fin ?

Le chapitre suivant attire notre attention sur un ensemble de valeurs indispensables au nouveau leader. C'est vrai, nous devons nous engager à plonger profondément en nous-même pour nous préparer à tenir ce rôle. Mais les bons meneurs ne s'enlisent pas dans leur tête, leurs besoins, leurs ambitions ou leurs intérêts. Un grand leadership se projette toujours plus loin, et les grands leaders (hommes et femmes confondus) doivent se dépasser pour prendre du recul avec eux-mêmes et envisager leur relation au monde entier. Ils ont une certaine vision de notre planète qui ne se limite pas à leur personne : elle n'est pas à mon service ; je suis là pour la servir.

Chapitre 4

Laver les pieds : le vrai pouvoir, c'est le service

C'est un symbole, c'est un signe… Laver les pieds signifie : « Je suis à ton service… » En tant que prêtre et en tant qu'évêque je dois être à votre service.

Pape François, homélie, le 28 mars 2013

Vous ne pouvez pas diriger les autres si vous n'êtes pas maître de vous-même, ni si votre pouvoir sert principalement vos intérêts et votre ego. Il ne s'agit pas de vous, mais de chacun de nous : famille, communauté, collègues de travail ou clients. Les New-Yorkais disent crûment : « Surpassez-vous ! » Le pape François recourt à un concept plus riche : « Le vrai pouvoir, c'est le service. » Ces deux assertions résument le paradoxe du leadership. Les dirigeants doivent aller chercher au plus profond d'eux-mêmes mais, en fin de compte, ce cheminement intérieur les pousse à dépasser leur horizon immédiat. Il y en a tant qui ne voient pas plus loin que leur service, leur société, leur argent, et moi, et moi, et moi[52].

Les vrais leaders visualisent le long terme. Ils sentent qu'ils sont appelés à se transcender pour défendre une mission plus noble que leur intérêt personnel. Quelle image peut traduire cette notion élaborée d'un leadership transcendant ?

Et les pieds, dans tout ça ? Alors que Jésus et ses disciples se retrouvèrent pour ce qui devait être leur dernier repas avant la crucifixion, Jésus fit quelque chose de tout à fait choquant : « Il versa de l'eau dans un bassin. Alors il se mit à laver les pieds des disciples », comme le relate l'évangéliste Jean. L'apôtre Pierre fut embarrassé et peut-être même scandalisé que Jésus remplisse une tâche réservée aux esclaves, ou plutôt aux esclaves non juifs – on considérait cette besogne si infâme que même un esclave juif l'aurait trouvée indigne. Alors Pierre protesta : « Jamais vous ne me laverez les pieds ! » Mais ce que Jésus exprimait n'avait rien à voir avec les pieds. « Si donc moi, le Seigneur et le Maître, je vous ai lavé les pieds, vous devez aussi vous laver les pieds les uns aux autres » (Jean, 13.5, 14).

Les *biopics* sur Jésus, à la télévision comme au cinéma, appauvrissent invariablement cette image. Il n'a jamais sué sang et eau en lavant les pieds de ses disciples – qui d'ailleurs semblent toujours très propres, alors qu'à l'époque ils sillonnaient la Palestine au mieux, en sandales, au pire les pieds nus. On croirait presque que les routes étaient pavées et qu'il y avait pédicures, réseaux de canalisation et normes d'hygiène. Or Jésus a lavé des pieds sales, couverts de poussière et peut-être même de traces d'excréments humains ou animaux. Voilà ce qu'a fait Jésus.

On commémore cet instant symbolique dans les églises le Jeudi saint, en choisissant quelques paroissiens pour jouer le rôle des disciples tandis que le prêtre tient celui de Jésus. En général, ce rituel se déroule comme dans les films, c'est-à-dire sans aucun souci de vraisemblance. On proposa à mon frère de se faire laver les pieds quand il avait près de dix ans. Mais ma mère, une Irlandaise respectueuse, se chargea du vrai nettoyage, enleva deux ou trois couches d'épiderme à force de frotter, et versa tant de talc sur ses pieds qu'un énorme nuage parfumé s'éleva au-dessus de l'autel quand il retira ses chaussures. Le rituel que suit le pape dans la basilique de

Saint-Jean-de-Latran est tout aussi pompeux : les évêques ou les séminaristes représentent les apôtres. Je doute que l'un d'entre eux ait jamais couru le risque de sacrifier sa carrière en se présentant devant le Chef de l'Église avec des pieds sales et malodorants. Mais en 2013, le pape François rétablit la valeur subversive du geste original de Jésus. Il renonce aux dalles de marbre étincelantes de la basilique pour le sol en pierres glauque de l'établissement pénitentiaire pour mineurs Casal del Marmo et ne baise pas les pieds d'ecclésiastiques triés sur le volet mais ceux d'adolescent(e)s délinquant(e) s jugé(e)s indignes de déambuler dans les rues sans une surveillance rapprochée.

Son choix ne fit pas l'unanimité. Le catholicisme donne plusieurs significations symboliques au Jeudi saint, notamment au sein du clergé, et certains catholiques furent offensés de voir qu'une femme, non chrétienne par-dessus le marché, pouvait être choisie pour y participer. Un avocat de droit canon regretta « l'exemple discutable » donné par le pape[53].

Pourtant, le chef de l'Église a fait ce que fait parfois tout bon leader : il bouscule nos représentations et retire le vernis d'une coutume familière pour révéler l'effet brutal d'une vérité dérangeante si l'on y prend garde. Dans ce cas précis, il a remis en cause nos certitudes sur le pouvoir, l'autorité et le leadership. Rappelons ce qu'il a dit à ces jeunes gens : « C'est un symbole, c'est un signe (…) Laver les pieds signifie : "Je suis à ton service". En tant que prêtre et en tant qu'évêque, je dois être à votre service[54]. »

Mais il ne défiait pas seulement les responsables de l'Église avec ce symbole. « N'oublions jamais que le vrai pouvoir, c'est le service », a-t-il déclaré à « tous ceux qui occupent des postes à responsabilité dans le domaine économique, politique ou social, à tous les hommes et à toutes les femmes de bonne volonté »[55].

Les pieds sur terre au quotidien

Les symboles sont aussi importants que les mots, mais ce qui compte le plus, finalement, ce sont les résultats. Pour reprendre la remarque de James MacGregor Burns, spécialiste de l'histoire de la présidence des États-Unis : « La dernière épreuve pratique du leadership réside dans l'accomplissement d'une vraie réforme programmée qui répond aux besoins du peuple[56]. » Si ces histoires de pieds paraissent trop ésotériques, Burns se concentre sur la question que tous les leaders se posent (et qui devrait tourmenter ceux qui échouent à l'épreuve susdite). Les grands leaders engagent des réformes qui répondent aux besoins du peuple. Alors, votre leadership sert-il avant tout les intérêts des gens ou les vôtres ? Un médecin urgentiste nous montre jusqu'où cette volonté de servir peut mener quand elle saisit le cœur d'un chef. Le docteur David Hughes travaille dans le Colorado, au centre médical Mercy de Durango, qui fait partie d'un des plus grands systèmes de santé du pays, le Catholic Health Initiatives (CHI) et que j'ai l'honneur de servir en tant que président du conseil. Le « respect » est l'une de ses valeurs phares. Dans le livre de la Genèse, il est dit que Dieu créa l'homme à son image, selon sa ressemblance[57]. Dans quel monde vivrions-nous si nous nous comportions comme si nous croyions vraiment à cette affirmation ? Eh bien, nos patients et nos collègues percevront le sens de cette phrase si nous les traitons avec respect, en sachant que Dieu est présent dans chacun d'entre eux.

Quelle exigence de qualité sur un lieu de travail ! Après tout, on attend beaucoup de nos collaborateurs, et ce, dans tous les secteurs. Ils connaissent : surcharge de travail, changements multiples et trop rapides, pression constante pour préserver les marges et maîtriser les dépenses, etc. Je rends hommage à la grande majorité de nos 85 000 employés qui, malgré le stress, se concentrent non seulement sur les résultats financiers, mais surtout sur ce qui compte le plus et justifie notre métier. Le docteur Hughes en est un bon exemple. Dans un article paru dans l'une de nos revues internes, une infirmière a raconté l'arrivée aux urgences, tard dans la nuit, « d'un de nos habitués, qui était pieds nus. C'était un sans-abri. Avant de le laisser sortir, le docteur Hughes a ôté ses chaussures de sport pour les lui offrir. Ce dernier lui en fut reconnaissant et le médecin rentra chez lui en chaussettes »[58].

Dès que j'ai lu cette histoire, j'ai contacté le docteur Hughes pour le féliciter de son geste. Il a aussitôt coupé court à mes éloges en disant : « Je ne considère vraiment pas ça comme un sacrifice. Ces baskets avaient des kilomètres au compteur, j'ai beaucoup couru avec… » Quand le patient a dit qu'il lui fallait des chaussures, « j'ai regardé mes vieilles godasses toutes abîmées et les lui ai données sans trop réfléchir. J'ai quitté les urgences, regagné ma voiture et suis rentré chez moi en chaussettes, c'est tout ».

« Mais pourquoi avoir fait ça ? ai-je insisté. Après tout, ça n'entre pas dans le descriptif de votre poste d'urgentiste. » J'espérais qu'il évoquerait son sens profond du devoir et je n'ai pas été déçu : « Ce qui me pousse à aider les gens ? Je dois dire que ça relève d'une promesse que j'ai faite à Dieu quand j'avais douze ans. Je suis membre de l'Église de Jésus-Christ des saints des derniers jours (…) C'est mon devoir d'agir au nom du Seigneur – en faisant, en gros, ce qu'Il aurait fait à ma place » - comme donner ses chaussures à une personne dans le besoin, j'imagine.

Le docteur Hughes m'a rappelé le lendemain. Il était visiblement décontenancé, ne comprenant pas pourquoi je l'avais estimé digne d'éloges. Il voulait s'assurer que je ne lui trouvais rien d'exceptionnel : « J'ai interrogé le personnel des urgences et suis tombé des nues en découvrant qu'on y voyait régulièrement des gestes aussi désintéressés que discrets, comme raccompagner un patient en voiture, le dépanner de 20 dollars ou simplement prendre un moment pour écouter son histoire. Une infirmière qui a récemment pris sa retraite posait souvent des questions aux vétérans sur leurs souvenirs de la Seconde Guerre mondiale. »

Voilà une morale à cette histoire : si vous arrivez à inciter 85 000 employés du secteur de la santé (des neurochirurgiens aux gardiens en passant par les comptables) à se dévouer au service des autres au point d'offrir leurs chaussures s'il le faut, alors tous les résultats auxquels vous tenez tant (grande qualité du service, sécurité et prise en charge du malade) suivront automatiquement. Le dévouement est la formule magique qui rend les entreprises fiables et performantes.

Cette magie n'opère pas uniquement dans les secteurs de la santé ou de l'aide sociale. Quand mon ami Ed Speed est devenu directeur général de l'une des plus grandes caisses de crédit du pays, il découvrit une « culture d'entreprise présentant de sérieux dysfonctionnements, très protectionniste (...) repliée sur elle-même, craintive et souvent dévalorisante. » (De nombreux lecteurs retrouvent probablement leur entreprise dans la description qu'Ed donne de la sienne.) Quand une telle mentalité pèse sur les relations entre collègues et avec les clients, aucune société ne peut réussir. Ed savait qu'il devait réformer cette culture de l'ego. Après s'être creusé la tête, ses directeurs et lui décidèrent d'employer le service comme levier pour parvenir à leurs fins.

Ils commencèrent à en parler sans arrêt et diffusèrent un nouveau mantra dans toute l'entreprise : « Si je ne sers pas directement les intérêts d'un membre [c'est-à-dire d'un client], je ferais mieux de me mettre entièrement au service de quelqu'un qui l'est ». En d'autres termes, tout le monde se retrousse les manches. De nombreuses sociétés mettent les slogans et les valeurs d'entreprise à toutes les sauces, mais nous levons les yeux au ciel, blasés que nous sommes de voir si rarement ces paroles se traduire en actes. Ed et ses collègues savaient qu'ils avaient tous la responsabilité d'appliquer leurs beaux discours : les membres de la direction s'engagèrent donc à montrer l'exemple en adoptant le comportement qu'ils attendaient de leurs subordonnés. Deux fois par an, chaque département eut ainsi l'occasion d'évaluer la qualité du travail des autres services. D'après Ed, « il fallut un peu plus de quatre ans pour constater des résultats », mais avec le temps, sa société fut considérée comme l'un des meilleurs employeurs de Houston et elle commença à enregistrer une cote de satisfaction clients sans précédent dans cette branche.

Toutefois, leur succès ne découla pas seulement de leur mode de gestion et de l'application de procédures adaptées, pourtant essentiels. Ils ont réussi parce qu'ils ont exploité les convictions intimes de leurs employés sur les raisons de leur présence ici-bas – à savoir servir les autres plutôt qu'eux-mêmes. Ed l'a bien compris : le « terrain était prêt » à assimiler la culture de service qu'il voulait instiller dans l'esprit de ses employés. « Je crois que nous nous sommes contentés d'instaurer un environnement valorisant les croyances de chacun, permettant à tous les effectifs de s'exprimer dans le service. Nous n'avons rien apporté qu'ils n'avaient déjà. Nous avons simplement supprimé les barrières. »

Une telle culture d'entreprise influence forcément le comportement du personnel et les relations que les patrons entretiennent avec leurs équipes. Peu après la nomination du père Bergoglio à la direction de son diocèse, un de ses prêtres fut hospitalisé pour subir une opération et l'un de ses confrères rapporte l'incident : « Il [le père Bergoglio] passa toute la nuit à l'hôpital, inquiet de l'état de santé du prêtre. Le reste du clergé tomba des nues : nul n'avait encore jamais vu un archevêque rester au chevet de l'un d'entre eux à l'hôpital[59]. » Vous pouvez être sûr que cette anecdote se propagea plus vite et avec plus d'impact parmi les prêtres que n'importe quel sermon sur la charité. Le père Tomás Bradley relate une autre histoire illustrant ce dévouement total à ses subordonnés. En tant que provincial des jésuites, le père Bergoglio envoya quelques-uns de ses séminaristes argentins étudier au Japon, et quelques mois plus tard, il fit le voyage – trente-cinq heures de vol avec plusieurs escales – pour s'assurer qu'ils allaient bien. Les jeunes jésuites, qui savaient peut-être que le père Bergoglio avait lui-même un jour espéré être missionné au Pays du soleil levant, l'invitèrent à visiter quelques sites touristiques. Que leur répondit-il ? « Je suis venu ici pour vous voir. » Il consacra son temps à s'entretenir en tête en tête avec chacun de ses séminaristes et regagna l'aéroport pour un voyage retour de plus de trente heures.

Rendre service à ses dépens

Le dévouement à une équipe peut parfois vous coûter plus qu'une nuit de sommeil ou qu'une excursion. Ethan Berman, l'un de mes anciens collègues chez J.P. Morgan, sait de quoi je parle. Après avoir quitté notre société, Ethan fut un temps directeur général de RiskMetrics, une entreprise très pointue dans l'analyse financière. Les spécialistes de RiskMetrics sont payés des fortunes pour aider les entreprises à évaluer les risques financiers auxquels sont soumis leurs portefeuilles. La société avait fait une très bonne année : Ethan avait toutes les raisons de s'attendre à une prime mirobolante de la part du conseil. C'est pourquoi la note qu'Ethan envoya aux membres du conseil d'administration en 2004 en sidéra plus d'un. Peu avant que le conseil se réunisse pour fixer le montant des bonus, Ethan leur écrivit : « Le résultat de l'entreprise, meilleur que prévu, résulte du travail conjoint d'un grand nombre d'employés occupant des fonctions variées, et je souhaiterais donc que leur soit allouée une prime plus importante que la mienne[60]. » Traduction ? Je suis le patron ; l'année a été bonne, mais redistribuez une partie de ce que vous m'auriez versé à mes subordonnés. Un tel concept a toutes les raisons d'étonner. Ce secteur attire souvent les éléments brillants pour de strictes raisons pécuniaires ; leur identité et leur valeur vis-à-vis de leurs semblables se mesurent uniquement à l'argent qu'ils gagnent.

Mais comme il l'a écrit dans sa note, Ethan rejetait cet état d'esprit et refusait que ses émoluments dépendent « de ceux des cadres de sociétés concurrentes » car de telles approches sont « aléatoires et intéressées ». En allouant l'argent qui lui revenait aux membres de son équipe, Ethan s'est clairement positionné en leur faveur, au détriment de ses propres intérêts. De plus, il a confirmé sa conception originale du leadership en demandant au conseil d'« élargir sa définition de leader », en classant avec les grands patrons ceux qui « ne cessent de prouver leur adhésion aux valeurs de l'entreprise et administrent leurs employés en montrant l'exemple et non en leur donnant des ordres »[61]. Quand nous en avons discuté, Ethan a évoqué le côté le plus gratifiant de cette histoire : beaucoup de ses collègues, touchés, envoyèrent sa note à leurs parents. En y réfléchissant, c'est plutôt un bon baromètre du leadership : vos collègues et subordonnés seraient-ils assez fiers pour informer leurs parents de vos méthodes et de vos valeurs ?

Si les actes d'Ethan défendent une certaine idée du leadership, le PDG de Viacom, qui nous transmet MTV et la chaîne Comedy Central, donna à peu de chose près l'exemple inverse. Trois semaines avant Noël 2008, les deux directeurs généraux rédigèrent une note de service destinée au personnel, bien loin d'illustrer la gaieté des fêtes ou les gloussements enregistrés de la chaîne Comedy Central. Ils avaient connu une très mauvaise année sur le marché mondial : le cours des actions Viacom avait chuté de 50 % et l'entreprise était sérieusement endettée. D'après les directeurs, la santé de la société sur le long terme « dépendra de notre engagement commun à nous adapter et à faire des choix difficiles ». Il leur fallait une structure de coûts plus en phase avec « l'évolution de la situation économique », alors ils ont annoncé le licenciement de 7 % de leurs effectifs, soit huit cents employés, et le gel des salaires des cadres supérieurs[62].

Je comprends ces « choix difficiles » que font ces leaders : quand les marchés s'effondrent, les entreprises risquent la faillite si elles hésitent à prendre des mesures pénibles telles que les licenciements. Au fil des années, j'ai moi aussi dû m'y résoudre plus d'une fois. C'est toujours aussi douloureux, mais parfois inévitable.

En revanche, nous pourrions nous demander, avec tout le respect qu'on leur doit, si ces dirigeants n'auraient pu se fendre d'un « choix difficile » supplémentaire, illustrant l'« engagement commun » qu'ils évoquaient dans leur mémo : le PDG de Viacom aurait peut-être pu suivre l'exemple d'Ethan et renoncer à une partie des 23 millions de dollars que lui attribua son conseil cette année-là, soit 3 millions de plus que son bonus de l'année précédente, alors que des centaines d'employés attendaient leur lettre de licenciement[63].

Une poignée d'entre nous deviendront directeurs généraux. Nous ne devrons pas nous demander « Est-ce que je gagne assez ? » mais plutôt « Est-ce que je veux vivre pour me servir ou servir les autres ? », une question plus essentielle. Notre réponse – qui dépendra de notre conception de la vie et du rôle de leader – déterminera notre comportement en tant que parent, enseignant, employé débutant ou dirigeant. Il y a peu de chances pour que nos principes et nos attitudes évoluent avec le temps : comme le dit un dicton, les gens ne vieillissent pas, un jour, ils sont vieux. Quand les cadres intermédiaires, motivés par leurs propres intérêts, gravissent les échelons de l'entreprise, ils ne deviennent pas, du jour au lendemain, des directeurs dévoués au service de leurs employés, de leurs clients et de la communauté au sens large. Leur ascension réussie vers le sommet a enraciné trop profondément leur ambition et leur carriérisme.

Le nouveau leader doit puiser en lui la force de résister au charme toxique du culte du « moi d'abord », que ce soit ou non sur son lieu de travail. Voilà pourquoi l'essentiel de la formation au leadership repose sur un travail personnel et intérieur, trop souvent négligé, pour se forger des convictions aujourd'hui, comme le fait de se dévouer au service des autres, qui orienteront notre comportement demain.

Éducation à l'esprit de service

Ignace de Loyola l'a compris. Il a conçu la formation jésuite en en tenant compte. Les postulants tels que le futur pape François étaient (et sont toujours) confrontés à un choix cornélien au cours des trente jours d'*Exercices spirituels* – qui se présentent une fois encore comme la clé de voûte de l'apprentissage au leadership jésuite. Peu après les méditations visant l'autoévaluation, exposées dans le chapitre précédent, Ignace invite les jésuites à envisager le monde comme un champ de bataille où les disciples de Jésus combattent ceux de Lucifer « assis dans une chaire élevée, toute de feu et de fumée, sous des traits horribles et d'un aspect épouvantable[64] ». Ces images de la fin du Moyen Âge paraissent toujours un peu tirées par les cheveux, mais accordons-leur le crédit qu'elles méritent : Ignace avait un sens de la description digne des productions hollywoodiennes. « L'ennemi de la nature humaine » (comme Ignace appelle les forces du mal qui nous guettent chaque jour) excelle dans l'art de nous entraver « de filets et de chaînes »[65] destructeurs qui pervertissent notre vision du monde et du rôle que nous y jouons. Des filets et des chaînes ? D'après Ignace, nous briguons argent, pouvoir et honneurs mais une fois que nous les avons obtenus, ils finissent par nous posséder, nous entraver, en quelque sorte. Nous, les cinquante stagiaires qui commencèrent la formation au management de J.P. Morgan, étions insouciants, avec des vies de rêve : nous avions un travail intéressant et un bon salaire dans une société très respectée.

Mais avec le temps, il devint de plus en plus difficile de résister aux sombres tentations de la cupidité et de l'ambition : ma prime me semblait d'une extrême générosité jusqu'à ce que j'apprenne une demi-heure plus tard que mon collègue en avait touché une plus grosse ; j'ai félicité (mais surtout envié) ces collaborateurs qui accédaient aux postes de vice-présidents six mois avant moi ou qui montaient plus vite en grade. Le chemin d'une carrière, qu'on emprunte d'abord en toute innocence, peut se muer en pente glissante vers une addiction qu'Ignace appelle « l'amour du vain honneur du monde et de là, à un orgueil sans bornes[66] ». Soumis à des forces aussi subtiles qu'implacables, le monde se met à tourner autour de moi, de mon salaire et de ce que les autres pensent de moi. Voilà comment procède « l'ennemi de la nature ».

Ignace avertit ses novices du piège de l'égocentrisme et exhorte les jésuites à l'humilité plutôt qu'à l'orgueil, à la simplicité plutôt qu'à la cupidité et à servir les autres (en tant que compagnons de Jésus) plutôt que son ego. Il martèle ses choix fondamentaux dans ses *Exercices* et en fait la pierre angulaire de la culture jésuite. *Ad majorem Dei gloriam*, « Pour la plus grande gloire de Dieu », la devise jésuite, inspire une énergie permanente, presque chimérique : laissez-moi aspirer à ce qui concourt non à la gloire de Dieu, mais à la plus grande gloire de Dieu. Cette devise remet pourtant en cause toutes les pensées et actions des jésuites et reviendrait à dire : « Eh, jésuite, cet éloquent sermon que tu es en train de confectionner, ou le nouveau bâtiment que tu imagines pour l'université, participent-ils à la gloire de Dieu ou à celle de ton ego ? »

Au début de ma formation jésuite, alors que je n'avais que dix-huit ans, la description extravagante du trône rougeoyant de Lucifer me parut complètement dépassée ; et d'ailleurs, tous les discours d'Ignace sur « le vain honneur » et « l'orgueil sans bornes » m'ont semblé tout aussi démodés.

Le problème ne venait pas de ce que j'étais trop sophistiqué pour Ignace, mais trop naïf pour avoir le sens des réalités. Après avoir passé douze ans dans le secteur bancaire, j'ai compris que « l'ennemi de la nature humaine » – qu'on prête à cette métaphore une connotation religieuse ou psychologique – existait vraiment. La cupidité, l'orgueil, l'arrogance, l'envie, l'égocentrisme, la vanité et une douzaine d'autres démons personnels peuvent altérer notre vision des choses jusqu'à nous tenir sous leur emprise.

La vie d'adulte fait parfois penser à un champ de bataille spirituel, au combat entre notre égoïsme et le dévouement à une cause plus grande que notre petite personne. Ce combat de tous les jours prend des formes très subtiles, quand nous décidons de consacrer notre heure de libre à regarder la télé ou à nous occuper de nos enfants, d'investir quelques dollars dans un tee-shirt ou dans une œuvre caritative. Et plus la tribune du leadership s'agrandit, plus les tentations se multiplient.

Pourquoi nous devons tous penser comme des leaders

Si nous partons du principe que ce combat ne concerne que les célébrités, les dirigeants millionnaires ou les grandes figures de la politique, nous nous exposons à des ennuis. Par exemple, le pape François, en digne fils d'Ignace, comprend que tous les individus sont en proie au leurre de l'égocentrisme arrogant, même ceux qui, comme ses frères prêtres et les membres du clergé, ont choisi les secteurs d'activité les plus humbles et les plus nobles. Bien que leur vocation ne leur promette ni richesse ni célébrité, le pape voit les démons du cléricalisme et du carriérisme à l'œuvre : « On trouve aussi ces arrivistes dans la communauté chrétienne, n'est-ce pas ? Ces gens qui ne pensent qu'à eux… Ils recherchent la gloire personnelle[67]. »

Le Saint-Père lui-même n'est pas non plus immunisé contre ces tentations. En effet, l'adulation publique, qu'il reçoit en dose massive chaque semaine pendant les audiences papales, l'expose même davantage que nous aux démons de l'honneur et de l'orgueil dénoncés par Ignace. Le pape François en est parfaitement conscient. C'est la raison pour laquelle il a demandé par écrit aux évêques d'Argentine de prier pour « que je ne devienne pas arrogant et que je sache toujours écouter la volonté de Dieu et non la mienne[68] ». En effet, pas une semaine ne passe sans qu'il ne mentionne le combat pour l'humilité, en faisant parfois référence à l'allégorie percutante du champ de bataille employée par Ignace, son père spirituel. Non qu'il soit englué dans la mentalité poussiéreuse du Moyen Âge ; mais il constate qu'il est plus difficile, ici et maintenant, de venir à bout du culte de l'ego. Réfléchissez à ce à quoi nous sommes confrontés. Dirigeants politiques, hommes d'affaires et gourous sont non seulement devenus des stars médiatiques, mais touchent en un an plus d'argent qu'un enseignant, un fonctionnaire ou un petit employé n'en gagnerait en trois siècles. Les magazines de la presse nationale publient chaque année le hit-parade des revenus des PDG, tout comme celui des personnalités les plus riches du monde, des meilleures universités et de celles qui bénéficient des meilleures dotations. Finalement, la notoriété est à la portée de n'importe qui : il suffit d'accepter d'étaler ses difficultés dans les émissions de téléréalité.

Les incitations à la célébrité sont légion et connues ; les incitations au dévouement se font plus rares, souvent limitées à l'engagement personnel des leaders.

Le vrai pouvoir, c'est le service

Ce chapitre porte sur la question qui taraude tous les dirigeants : êtes-vous là pour vous servir ou pour servir les autres ? Voici la réponse du nouveau leader : il faut se transcender et se dépouiller de beaucoup « de nos idoles petites et grandes, dans lesquelles nous nous réfugions, dans lesquelles nous cherchons bien des fois à placer notre sécurité. Ce sont des idoles que nous tenons souvent cachées ; il peut s'agir de l'ambition, du carriérisme, du goût du succès, de la tendance à se prendre pour le centre du monde, de la propension à dominer les autres, de la prétention d'être les seuls maîtres de sa vie, des quelques péchés auxquels nous sommes attachés et de beaucoup d'autres (…) Je voudrais qu'une question résonne dans le cœur de chacun d'entre nous et que nous y répondions avec sincérité : ai-je pensé, moi, à cette idole cachée que j'ai dans ma vie[69] ? »

Le terme « idole » peut sembler un peu vieux jeu et très connoté religieusement, mais ne pourrait pas être plus approprié. Il est bien entendu que l'égoïsme en est une : j'ai travaillé assez longtemps dans une société mondiale de services financiers pour apprécier le commentaire d'Adam Smith à sa juste valeur : « Ce n'est pas de la bienveillance du boucher, du brasseur ou du boulanger que nous attendons notre dîner, mais plutôt du soin qu'ils apportent à la recherche de leur propre intérêt[70]. » J'ai personnellement vu toutes les sociétés d'Asie sortir de la misère, parvenir à la prospérité, créer des emplois, et la dignité humaine s'y épanouir simplement parce que des gens énergiques – et, oui, intéressés – avaient eu la chance d'user de leurs talents de façon créative et productive.

Mais j'ai aussi pu constater les problèmes de plus en plus graves et insolubles que causent ambition débridée, carriérisme et égoïsme forcenés dans les affaires, la politique, comme dans la vie, laïque ou religieuse. Ces difficultés ne seront pas surmontées par des leaders égocentriques, mais par ceux qui sauront repousser leurs horizons et qui se dégageront du cercle étriqué des petits « moi » : mon département, mon salaire, mes alliés politiques, ma religion, etc.

Le nouveau leader balaiera les idoles de l'égoïsme et nous aidera à servir le bien commun, à respecter les droits et libertés de tous et à protéger nos enfants chéris et leur descendance. Toutefois, même si la conception du nouveau leader permet de dépasser la barrière de l'ego, il faut aussi que le dirigeant garde bien les pieds sur terre, et même carrément dans le bourbier des réalités quotidiennes. C'est le point que nous aborderons dans le chapitre suivant.

Chapitre 5

Les pieds crottés : immergez-vous dans les joies et les souffrances d'ici-bas

Si nous ne formons pas des prêtres capables de réchauffer le cœur des gens, de marcher dans la nuit avec eux, de s'entretenir avec eux de leurs espoirs et de leurs déceptions, de recomposer ce qui a été détruit en eux, que pouvons-nous attendre aujourd'hui et pour les jours à venir de notre chemin présent et futur ?

Allocution du pape François, rencontre avec les évêques du Brésil le 27 juillet 2013

Le pape François délaissa les célèbres chaussures longtemps emblématiques de la papauté : les mules rouges. Le souvenir du père Bergoglio avec des bottes en caoutchouc de fermier, bien loin du rituel pontifical, est resté gravé dans la mémoire du père Hernán Paredes. Ce dernier a suivi sa scolarité chez les jésuites, à la faculté Máximo San José. Vous vous rappelez le long cursus de formation jésuite dont j'ai parlé dans les chapitres précédents ? Eh bien, sa longueur explique le nombre parfois important d'étudiants. Au milieu des années 1980, Hernán faisait partie d'un groupe de plus de soixante-dix postulants dans le complexe tentaculaire du séminaire de Buenos Aires, où l'on étudiait, entre autres, la philosophie, les sciences humaines et la théologie.

Le père Bergoglio était leur patron, leur recteur. Il avait pris cette fonction en 1979, après avoir achevé son ministère de provincial des jésuites d'Argentine. Avant de revenir aux mules du pape, intéressons-nous aux raisons pour lesquelles il se retrouva à ce poste. Elles nous montrent que les intuitions d'Ignace de Loyola en matière de conception organisationnelle défient les codes des entreprises prétendument éclairées d'aujourd'hui. Bergoglio supervisa les jésuites d'Argentine pendant six ans et, à la fin de son mandat, son successeur lui attribua une nouvelle responsabilité : désormais, il guiderait un groupe de postulants. Il *quitta son poste* et son successeur décida de sa nouvelle affectation. Et maintenant, penchons-nous sur la façon dont les entreprises contemporaines gèrent habituellement les transitions. Nous nous enorgueillissons de concevoir des plans de succession élaborés pour les cadres supérieurs, mais nous les mettons rarement en pratique ; ces derniers ne laissent pas volontiers leur place à un dauphin. La plupart du temps, ils sont remerciés ou détrônés, parfois honorablement, mais le plus souvent honteusement. Ils ne se retirent pas, comme le père Bergoglio ; au lieu de ça, on retrouve les griffures qu'ils ont laissées sur la moquette du bureau au moment où on les a traînés dehors, tandis qu'un éventuel parachute de plusieurs millions de dollars s'ouvrait dans leur dos.

Le danger d'une ambition débridée

Ignace de Loyola aurait pensé que nous maîtrisons bien mal nos problèmes de transition et nous aurait reproché d'être tributaires de nos statuts, ego ou insécurités personnelles. Prenons un exemple : aucun cadre supérieur quittant ses fonctions n'accepterait de continuer à travailler à un poste subalterne. Il se sentirait atteint dans sa dignité. De la même manière, un cadre supérieur fraîchement embauché refuse d'avoir son prédécesseur dans les jambes. Impatient de mettre sa propre patte dans l'organisation et parano à l'idée que le vétéran ne sape son autorité ou complote pour récupérer sa place, le nouveau patron tire un trait sur l'ancien. Pour faire bonne mesure, il exile les protégés de ce dernier et établit sa propre garde rapprochée et loyale à leur place (enfin, loyale jusqu'à ce que l'un d'entre eux trouve l'occasion de sauter le pas pour détrôner le roi).

Ignace de Loyola était terrifié à l'idée que l'ambition débridée anéantisse ses jésuites. Après tout, si l'on rassemble plusieurs personnes talentueuses, il est normal qu'elles veuillent rivaliser. Il s'agit donc de canaliser leurs ambitions et leurs énergies dans des missions pour éviter des querelles intestines. Les *Constitutions* d'Ignace proclament l'ambition présomptueuse « mère de tous les maux en toute association ou congrégation que ce soit[71] » et invitent les jésuites à dénoncer leurs collègues qu'ils soupçonnent de manigancer pour obtenir de plus hautes charges. En outre, Ignace a instauré des mandats à durée bien déterminée pour tous les postes de direction jésuite, à l'exception de leur général. De cette façon, il s'assurait que même un job à responsabilités resterait un simple job. Il était inutile de mettre dehors le père Bergoglio : il laissait sa place, puisque son mandat était arrivé à son terme. Il n'eut pas non plus à choisir une affectation ou à négocier un parachute doré, puisque c'était la prérogative de son successeur de décider de sa future tâche. Aux jésuites qui apprécient un peu trop leur statut de chef, l'attente de leur réaffectation peut faire l'effet d'une vraie douche froide et les rappeler à l'humilité.

Bergoglio fut donc chargé de superviser des postulants, un choix qui souligne encore l'aspect provocateur de la philosophie structurelle jésuite. Un employé qui apprendrait cette affectation réagirait sûrement en disant : « Ce mec est devenu à trente-neuf ans l'un des deux cents cadres les plus importants de l'entreprise et voilà qu'il va superviser des stagiaires ? Aïe. Carrière terminée. » Ignace envisagerait les choses sous un autre angle : votre succès dépend uniquement de votre assiduité, de votre dévouement et de vos grandes compétences professionnelles ; vous ne l'obtiendrez que si vos nouvelles recrues sont formées par des leaders assidus, dévoués et très compétents. Ainsi, chez les jésuites, les postes de formateurs sont confiés non seulement à des hommes de confiance, mais surtout à ceux qui pourraient incarner l'exemple à suivre.

Un tel parcours de carrière, sans parler de l'interminable formation jésuite, peut vous paraître étrange, voire dépassé. C'est parce que nous avons oublié ce que disait A.G. Lafley, une légende vivante, ancien brillant PDG de Procter & Gamble. Il appelait cela sa « tâche la plus pénible » consistant « à former des leaders qui pourront non seulement diriger, mais inspirer le changement par eux-mêmes, et par-dessus tout, façonner de nouveaux leaders à leur tour (...) Rien de ce que je pourrais entreprendre n'aura à long terme plus d'impact sur la santé [de la société] » [72]. Ou celle de la famille, de l'école ou de tout autre secteur. Mais la formation au leadership exige des efforts et du temps. Et la majeure partie d'entre nous n'a pas envie de se casser la tête : il est plus facile de partager les quelques ficelles d'un métier que de former quelqu'un au leadership.

Nous allons au plus pressé, ignorant le simple fait que le pape François n'aurait jamais dirigé l'Église comme il le fait sans avoir suivi pendant des années une formation intensive. Les jésuites se prêtent encore au jeu aujourd'hui. Le pape est passé du statut de directeur à celui de formateur, et son parcours répond tout à fait à leur conception du monde. Tout comme la carrière improbable de mon ami jésuite John Fitzgibbons. Après avoir décroché son doctorat de littérature anglaise, il commença à enseigner à l'université jésuite tout en développant des compétences administratives qui lui permirent d'obtenir un siège au conseil d'administration de deux universités.

Puis on l'arracha à la vie universitaire pour lui confier la responsabilité d'un noviciat jésuite. Il dut abandonner sa place au conseil et superviser vingt postulants. Cette « régression » rappelle la rétrogradation apparente du père Bergoglio, devenu lui aussi superviseur après avoir été le patron des jésuites d'Argentine. Mais on ne forme pas les jésuites à penser en termes d'arrivisme ou de voie de garage (les bons, du moins ; j'en connais un ou deux qui semblent apprécier leur poste prestigieux). Le pape aurait un ou deux mots à dire aux carriéristes. Il ne s'en est d'ailleurs pas privé dans son discours à l'Académie pontificale ecclésiastique, centre de formation des prêtres à la nonciature ; des prêtres qui seront amenés à fréquenter les ambassadeurs du monde entier et à s'élever parfois dans la hiérarchie de l'Église pour devenir évêques ou mieux. Le pape les a invités à ne pas se laisser griser par le prestige de leur statut : « Le carriérisme est une lèpre ! Une lèpre ! » insista-t-il. Les prêtres devront œuvrer pour « le bien supérieur de la cause de l'Évangile et l'accomplissement de la mission qui [leur] sera confiée » et non pour « la reconnaissance (...) à l'intérieur ou à l'extérieur de la communauté ecclésiale »[73].

Le leader, concentré sur sa mission, n'est pas censé être emballé par la charge qu'on lui a attribuée au sein de son entreprise. John Fitzgibbons, le membre du conseil d'université devenu guide spirituel de postulants, le reconnut sans détour : « Je n'avais vraiment pas envie de chapeauter des novices, mais je savais que la Compagnie était en droit de m'appeler à son service. »

Alors, lorsque son supérieur jésuite lui confia cette mission, il relativisa : « Je lui ai répondu, en toute sincérité, que ce serait un honneur et un privilège pour moi de faire ce travail de formation, même si je n'avais aucune expérience en la matière. Je le voyais aussi comme un geste d'allégeance ; il s'agissait de la volonté de Dieu et cette mission était sacrée, même si je n'avais jamais souhaité la remplir. » Finalement, plusieurs années et affectations plus tard, Fitzgibbons, qui avait un temps supervisé vingt jésuites, fut nommé président de l'université Regis, qui accueille 15 000 étudiants sur le campus ou en ligne (l'un des plus grands effectifs pour un établissement jésuite). Ce type de parcours, proprement impensable dans la vie d'une entreprise, devient possible lorsque les membres de l'équipe acceptent de privilégier leur mission par rapport à leur statut : un capitaine d'industrie accepterait alors de retourner au front comme simple soldat pour faire profiter les autres de son expérience, et vice-versa.

Quant au père Bergoglio, tout le monde sait désormais que ses affectations n'ont pas modifié sa trajectoire à long terme. Et son style de leadership incarne le paradoxe que nous avons évoqué dans le chapitre précédent et que nous retrouvons dans celui-ci : les grands leaders s'engagent à s'immerger dans le monde chaque jour mais aussi à s'en retirer. Ce sont des gens réfléchis qui prennent du recul en quête de sérénité, d'équilibre et de perspective, comme nous le verrons dans le chapitre suivant. Ils se dévouent au quotidien sans relâche et le transcendent malgré tout. Baignés dans le monde, ils ne sont pourtant pas complètement « de » ce monde ; en un mot, ce sont aussi des spirituels.

L'esprit de ces séminaristes argentins s'élevait en cogitant sur les écrits d'Aristote ou de saint Thomas d'Aquin, mais le père Bergoglio veillait à ce qu'ils gardent les pieds sur terre, et même bien crottés : le complexe universitaire de Máximo comprenait une ferme dont la production permettait de contribuer aux maigres finances de la communauté jésuite. J'ai demandé à Hernán Paredes quels animaux on y trouvait et la précision de sa réponse (un quart de siècle s'était écoulé depuis sa formation) prouva la fiabilité de sa mémoire. Voici l'inventaire qu'il m'en fit : « Nous avions 120 cochons, 53 moutons, 180 lapins, des vaches qui nous donnaient notre lait… » Qui s'occupait de la ferme ? « Eh bien, poursuivit Paredes, quelques frères jésuites, qui s'y connaissaient en matière d'élevage, y travaillaient quasi à plein temps. Mais nous mettions tous la main à la pâte, certains plus que d'autres. Bergoglio aussi. Il travaillait. Un après-midi, alors que je rentrais de la paroisse où j'avais donné un coup de main, j'ai vu le père Bergoglio, chaussé de bottes en caoutchouc, en train de nourrir les cochons. »

Imaginer ces bottes comme l'accessoire vestimentaire du leader reviendrait à dire : je ne vous demanderai jamais de faire quelque chose que je ne veux pas faire moi-même. Mais le leadership aux pieds crottés du père Bergoglio avait une signification plus profonde encore, et sœur María Soledad Albisú va nous aider à la comprendre. À l'époque où il occupait le poste de superviseur, la sœur lui rendait visite de temps à autre en quête de conseils spirituels, ou de ce que le monde profane appellerait « un coaching de vie approfondi ». Ignace de Loyola tenait à ce que tous les jésuites aillent régulièrement consulter leur père spirituel, et Bergoglio jouissait d'une certaine popularité. Paredes me confia que quelques dizaines de ses camarades l'avaient sollicité.

Le chapitre précédent a expliqué les raisons pour lesquelles Ignace tenait beaucoup à ces entretiens. Chacun d'entre nous a ses zones d'ombre. En tant qu'êtres humains, nous sommes assez intelligents pour réfléchir sur nos comportements dysfonctionnels. Un mentor de confiance peut nous aider dans cette analyse. De plus, nous avons tous de grandes décisions à prendre. Choisir la bonne direction n'est pas de tout repos : peser le pour et le contre risque de semer la confusion dans nos esprits. Un guide avisé peut nous permettre de faire le tri dans nos motivations, de les rendre intelligibles et d'assumer les valeurs que nous défendons.

Trouver Dieu dans les choses les plus insignifiantes

Le père Bergoglio jouait donc ce rôle à l'époque où María Soledad Albisú, encore laïque, envisageait d'entrer dans les ordres. Mais au détour de ces discussions informelles, Bergoglio, le guide spirituel, partageait également ce qu'il n'appelait pas encore sa théorie du leadership. Dans un petit article paru dans *The Tablet*, Albisú se souvient de la ferme des jésuites qu'il lui a fait visiter. « Il m'emmena dehors, là où la Compagnie élevait ses moutons et ses cochons. Il m'expliqua que cet endroit se prêtait tout à fait à la prière et permettait de se rappeler que Dieu réside dans les choses les plus insignifiantes[74]. »

Elle ajouta aussi que le père Bergoglio « insistait pour que les séminaristes passent leurs week-ends dans les quartiers pauvres pour y proposer des cours d'éducation religieuse aux enfants. Il disait qu'une personne capable de mettre le catéchisme à la portée des petits est forcément sage ». Et lorsqu'ils rentraient, il « regardait s'ils avaient les pieds crottés. S'ils revenaient avec des chaussures propres, il partait du principe qu'ils n'avaient rien fait ». Hernán Paredes peut en attester. Longtemps après avoir quitté le séminaire, il rendit visite au cardinal Bergoglio à Buenos Aires, deux ans avant son élection à la papauté. Paredes travaillait alors à New York : pendant la semaine, il enseignait dans un lycée jésuite, et le dimanche, il célébrait la messe pour les communautés hispaniques de la ville. Le cardinal Bergoglio, lui, se préparait à la retraite ; lorsqu'ils atteignent leurs soixante-quinze ans, les évêques catholiques sont obligés de donner leur démission. Bergoglio avait envoyé la sienne et attendait que le pape Benoît l'accepte. La vie réserve parfois des surprises. Au cours de la conversation, Paredes lui raconta sa visite dans un quartier pauvre, non loin de l'ancien séminaire où Bergoglio envoyait ses postulants enseigner le catéchisme aux petits enfants le week-end. Le cardinal Bergoglio fit mine d'inspecter ses chaussures et éclata de rire : « Vous êtes passé dans le quartier ? Vous avez dû vous crotter les pieds ! – Tout à fait ! répondit Hernán en riant lui aussi, comme au bon vieux temps. »

Ces pieds crottés – ceux de Bergoglio dans l'enclos des cochons et ceux d'un séminariste dans un quartier pauvre – cristallisent l'un des principes du leader, pourtant de plus en plus menacé : celui de rester en contact avec la réalité, de l'affronter, d'endosser la responsabilité de son travail, de ses décisions, et de reconnaître que nous sommes tous inextricablement liés à notre entourage proche et moins proche. La « désintermédiation » touche trop souvent ceux qui, comme nous, occupent des postes importants : nous sommes coupés, détachés, exclus des réalités. Nous dirigeons des dizaines d'employés sans savoir grand-chose de leurs vies ou de leurs problèmes. Ou, pour reprendre l'exemple des dirigeants de Viacom, nous examinons d'abord les rapports financiers, le cours des actions, le chiffre d'affaires prévisionnel et la stratégie des concurrents avant de conclure que nous servirons mieux les actionnaires en licenciant un millier de personnes. Quelle est la seule donnée que nous avons oubliée dans cette prise de décision et ses conséquences ? Le visage du 750e ou 751e employé qui a perdu son emploi. Les bons leaders restent perpétuellement en prise avec les joies et les souffrances d'ici-bas. Ils savent que dans un monde connecté comme le nôtre, la décision d'une personne affecte souvent les vies de beaucoup d'autres dont ils ne soupçonnent même pas l'existence.

La technologie peut accentuer la déshumanisation car elle accélère le rythme du travail, sa quantité et sa complexité, mais aussi parce qu'elle nous incite à nous détourner des épreuves de la vie. Oui, les réseaux sociaux nous permettent de rester en contact avec nos « amis » à travers le monde. Toutefois, notre sens du concret en pâtit. Nous avons la possibilité de choisir la réalité dans laquelle nous voulons nous inscrire et risquons de perdre de vue celle que nous avons exclue. Dans les colonnes du *New York Times*, un chroniqueur indépendant ne cacha pas sa perplexité lorsqu'il médita sur la nouvelle génération de lentilles de contact « intelligentes » qui altéreraient notre perception de la réalité, « faisant disparaître les SDF[75] », par exemple. Pourquoi se laisser déprimer par un clochard alors que l'on devrait profiter de ce bel après-midi de printemps pour faire du lèche-vitrines ? Dans sa campagne publicitaire pour une gamme de téléviseurs digitaux, Samsung a lancé un slogan qui illustre parfaitement l'ère de la désintermédiation : « La réalité. Quelle déception[76] ! » En effet, nous n'avons pas besoin de lentilles pour éliminer les sans-abri. C'est déjà fait. Comme l'a remarqué le pape François : « Des sans-abri qui meurent de froid dans les rues, ce n'est pas une information. En revanche, que les marchés boursiers de certains pays perdent dix points, et c'est une tragédie ! On se débarrasse ainsi des gens comme des ordures[77]. »

Ce que nous pourrions appeler « le syndrome de la réalité alternative » s'aggrave à mesure que l'on monte en grade. Jeff Sonnenfeld, de la Yale School of Management, déplore que les cadres supérieurs d'aujourd'hui soient « plus désinvoltes, protégés, couvés que jamais[78]. » Dès que les choses tournent mal, ils rejettent la responsabilité des fraudes ou des bévues sur leurs principaux lieutenants, sous prétexte qu'ils « n'étaient pas au courant » de leurs agissements. Ces PDG fiers et distants ne diront pas « je ne suis pas responsable des résultats » mais plutôt « laissez-moi la possibilité de ne pas porter le chapeau ». Voilà pourquoi il nous faut des leaders prêts à en découdre avec le « syndrome de réalité alternative ». Félicitons le pape François de mener sa propre petite sédition : il a refusé d'être dorloté dans les appartements papaux, tenu à l'écart de la réalité quotidienne par un bataillon de *monsignori*, gardes suisses et autres bureaucrates. Il a préféré s'installer dans la résidence des hôtes du Vatican, pour vivre aussi simplement et pauvrement que sa fonction le lui permet mais aussi pour prendre ses repas à la cafétéria et côtoyer ainsi tous les autres invités.

Ce choix a dû passer pour une insulte grossière à la tradition alors qu'il paraît tout à fait cohérent avec les idées du pape François, qui avait déjà renoncé au palais épiscopal de Buenos Aires pour un appartement plus modeste. En effet, il reflète son principal souci, celui de rester en contact avec la réalité. Examinons cette préoccupation dans l'optique du commandement : que gagneraient le chef et son équipe d'un leadership « aux pieds crottés » ?

Faites la lessive et inspirez l'équipe

Le père Tomás Bradley arriva au Colegio Máximo en 1985, juste après avoir terminé son noviciat et prononcé ses vœux de pauvreté, chasteté et obéissance. Je lui ai demandé quels souvenirs il gardait du père Bergoglio et voilà ce qu'il m'a répondu : « Jorge [il l'appelait par son prénom] était le recteur mais aussi le "blanchisseur" de l'établissement. À 5 h 30 du matin, il enfournait déjà le linge dans les deux machines à laver industrielles dont nous disposions. » Et apparemment, il y avait des tonnes de vêtements. « Nous étions plus de cent à vivre sur place », ajouta-t-il.

Ça suffit, doivent penser certains lecteurs. *On a compris : ce type, devenu pape, était assez humble pour nourrir les cochons et faire les lessives quand il dirigeait le séminaire. Et alors ? Si j'avais confié la responsabilité des séminaristes à ce mec-là, j'aurais préféré qu'il emploie ses compétences à former de futurs leaders ou prêtres plutôt que de perdre son temps à faire la lessive.*

Justement : il *formait* des leaders et des prêtres. Considérons-le sous cet angle : Hernán Paredes et Tomás Bradley ont dû voir Bergoglio dire et faire quantité de choses – pourquoi ces épisodes du cochon et de la lessive les ont-ils tant marqués ?

Tous ceux qui ont déjà travaillé pour de grands leaders connaissent la réponse : notre loyauté se scelle sur des détails, comme savoir que le patron ne joue pas les divas mais tient son rôle dans l'équipe et ne nous demandera pas de sacrifices qu'il ne ferait pas lui-même. Cela explique, par exemple, que les officiers des Marines se placent toujours derrière leurs subalternes quand ils font la queue au mess. Ils adressent un message fort en matière de commandement : si jamais il n'y a pas assez de nourriture pour tout le monde, je mourrai de faim avant vous.

Je me souviens d'une occasion manquée qui m'aurait permis d'instaurer un leadership de type blanchisseur. L'équipe administrative au service d'un de mes subalternes devait renoncer à son samedi matin pour imprimer, mettre sous enveloppe et classer des centaines de lettres, et accomplir d'autres tâches tout aussi fastidieuses. Le vendredi après-midi précédent ce matin de printemps sacrifié, je discutai avec leur patron de nos projets respectifs pour le week-end. Depuis, j'ai oublié quels étaient les miens, mais pas les siens : il surprendrait les membres de son équipe en leur apportant café et viennoiseries puis passerait une heure ou deux à travailler à leurs côtés.

Aucun d'entre eux ne se serait attendu à me voir arriver, parce que j'étais le supérieur du leur. Mais personne n'imaginait qu'il viendrait lui non plus, de la même manière que les jeunes séminaristes ne pensaient pas Bergoglio capable de faire sa part des corvées.

Bien sûr, on oubliera vite le leader qui réagit de façon prévisible et délivre un discours galvanisant sur l'esprit d'équipe, mais on se souviendra toujours de celui qui a mis, comme nous, les mains dans le cambouis, pour nous prouver qu'on forme une équipe soudée.

Trouver des réponses solidaires : l'odeur de brebis

Ce type de comportement ne permet pas seulement de s'assurer la loyauté de ses troupes. Mettre les mains dans le cambouis offre un autre avantage. Je l'aborderai en évoquant l'une des fautes de leadership que j'ai commises autrefois. À une époque, je supervisais avec d'autres directeurs exécutifs le regroupement des activités de plusieurs sites européens sur une plate-forme géographique centrale. C'était une tâche difficile, déroutante, ou, dit plus familièrement, un boulot de chien. Aucun de nous ne pouvait facilement envisager la fusion de ses domaines de responsabilité. L'un d'eux glissa la tête dans mon bureau alors que j'étais en train d'examiner un tableur et me demanda si je progressais sur le projet. Pas vraiment, confessai-je. Il me lança quelques mots avant de s'en aller : « Ben, ce n'est pas en restant assis derrière ce bureau que tu trouveras la réponse. » Son commentaire me fit d'autant plus d'effet qu'il tapait juste : dans le fond, je me planquais derrière mon bureau. Les réponses n'étaient pas cachées dans un rapport ; elles étaient là dehors, avec mon équipe et je les trouverais en lui soumettant les modalités du projet. Une séance de brainstorming général et la réponse surgirait. Le père Bergoglio semble avoir tiré intuitivement cette leçon qu'il m'a fallu apprendre : les leaders doivent saisir les problèmes comme les opportunités.

Étayons cet argument avec un autre épisode remontant à l'époque où Bergoglio gérait le séminaire. Au cours d'un entretien, le père jésuite Alejandro Gauffin me raconta que l'évêque de Buenos Aires avait décidé de créer une nouvelle paroisse à proximité du séminaire jésuite et demandé au père Bergoglio d'en devenir le premier curé (il lui restait sûrement beaucoup de temps libre après les cochons à nourrir, les lessives à faire, les orientations spirituelles à dispenser aux dizaines de jésuites, les cours de théologie à donner et que sais-je encore).

Ce fut la première expérience intense du père Bergoglio dans une paroisse, et son approche se révéla plutôt originale. Pour les lecteurs non catholiques qui ne connaissent peut-être pas la stratégie de communication classique des paroisses catholiques, j'ajouterai cette précision, insolente peut-être, mais brève : elles ouvrent leurs portes, affichent les horaires des offices (bien en évidence, quoique pas toujours) et attendent que les gens viennent assister à la messe. C'est tout. Rien de bien excitant ni de très créatif. Le pape semble vouloir sortir du « bâtissez et ils viendront automatiquement ». Franchement, et avec tout le respect que je dois à l'Église, « ils » ne viennent plus, dans bien des pays, en tout cas plus aussi nombreux qu'au temps où tout le monde partageait la valeur culturelle du catholicisme : « du berceau au tombeau ».

D'après les souvenirs du père Gauffin, la nouvelle paroisse fut inaugurée un 19 mars, jour qui correspond à la fête de saint Joseph dans le calendrier liturgique. Délicieuse coïncidence, la cérémonie qui intronisa le pape François à la tête d'une paroisse bien plus importante, l'Église catholique, eut elle aussi lieu un 19 mars, en 2013. Il y a bien sûr une ou deux différences entre ces deux paroisses, l'une est la basilique Saint-Pierre, œuvre de Bernini, Michel-Ange et d'autres ; celle de Buenos Aires était une cabane aménagée, bâtie par des quidams avec des chutes de planches en contreplaqué. Peu importe. Si l'on s'en réfère aux idées de Bergoglio, à l'époque comme aujourd'hui, l'essentiel se déroule extra-muros. Il dessina une carte grossière du quartier, la divisa ensuite en petites sections et y affecta les séminaristes volontaires, comme Gauffin. Pour quoi faire ? Se crotter les pieds. Arpenter les rues. Aller à la rencontre des gens là où ils habitent. Gauffin, lui, le formula ainsi : « Les slogans qui m'ont marqué sont "marchez dans le quartier, parcourez-le de long en large", "ne sélectionnez pas les brebis", "rencontrez-les toutes", "rendez visite aux pauvres et prenez soin d'eux", "rassemblez les enfants et catéchisez-les". » En d'autres termes : « Vous ne trouverez pas la réponse en restant assis derrière votre bureau. » En effet, maintenant qu'il est devenu le pape François, il réaffirme ces idées en disant aux évêques réunis au Brésil : « Nous avons besoin d'une Église qui soit aux côtés des gens, qui fasse plus que les écouter, une Église qui les accompagne sur leur chemin[79]. »

Toutefois, même si vous vous mettez face à la réalité pour l'affronter plutôt que devant un écran d'ordinateur, les réponses ne jaillissent pas tout de suite. En fait, d'autres problèmes surgissent et semblent plus nuancés, complexes et présents que quand vous étiez bien installé à votre poste de travail. Gauffin poursuit son anecdote : « C'était dur en Argentine dans les années 1980. » Eh bien, même moi, j'étais au courant. Dans l'air conditionné du train qui m'amenait à Wall Street, je lisais les articles sur la crise économique du pays dans le *New York Times* en sirotant un café. Mais le père Bergoglio et ses collègues ne lisaient rien sur le sujet ; ils rendaient visite aux familles de leur quartier qui ne pouvaient pas donner à leurs enfants plus d'un repas par jour. Gauffin se rappelle avoir entendu le père Bergoglio dire quelque chose du genre : « Nous ne pouvons pas rester les bras croisés alors que des gens ont faim et que nous ici, au séminaire, nous ne manquons de rien. »

Mais que faire ? Il n'était qu'un chef religieux, s'évertuant à créer une paroisse ; ses collègues séminaristes étaient des étudiants en philosophie, pas des assistants sociaux. Eh bien, peut-être que la philosophie se révéla finalement utile. Pas la peine de développer le casse-tête philosophique connu sous le nom de paradoxe de Zénon. Concentrons-nous sur sa chute : *solvitur ambulando*, soit : « C'est en marchant qu'on trouve des solutions. » Il suffit parfois de commencer. Il arrive qu'on soit obligé de patauger pour saisir la pleine dimension du problème, et qu'il faille prendre une initiative, quelle qu'elle soit, pour progresser ; cette première étape donne de l'élan à la seconde et la seconde vous permet, avec un peu de recul, de savoir si vous êtes ou non dans la bonne direction. Selon Gauffin, les jésuites commencèrent par « trouver une grande marmite et quelques volontaires » puis procédèrent à la distribution des repas depuis la maison d'une paroissienne. Ensuite, ils transférèrent ce poste « dans un grand champ (...) sous une bâche (...) et [on] fit un grand feu ». Finalement, ce maigre effort engendra un programme de services communautaires qui bénéficie aujourd'hui de son propre local, la Casa del Niño San José.

Et la paroisse, dans tout ça ? Après tout, c'était ça, la mission au départ. Eh bien, elle s'est développée si rapidement qu'elle a été divisée depuis. On ne compte pas moins de trois paroisses ou chapelles dans le quartier. Arpentez les rues, regardez de quoi les gens ont besoin, essayez de faire quelque chose et ne « sélectionnez pas les brebis », leur recommanda Bergoglio. Ce dernier concept se décline différemment selon les cultures. « N'écrème pas le lait » : ne te contente pas de la mousse épaisse qui flotte à la surface. « Mets la main à la pâte » : va là-bas à la rencontre de tous, même de ceux qui ne souhaitent pas te voir. Malgré ses origines citadines, le père Bergoglio affectionnait à l'évidence les images de brebis. Quelques jours après son élection papale, il célébra la messe du Jeudi saint qui commémore, par la consécration du saint chrême, la fondation de la prêtrise catholique. Des dizaines d'ecclésiastiques se rassemblèrent dans la basilique Saint-Jean-de-Latran pour assister à un moment unique : le premier sermon officiel d'un pape à ses prêtres. Assis dans leurs habits de cérémonie soigneusement amidonnés, certains prélats s'attendaient peut-être à ce que ce pape – qui avait terminé le long cursus jésuite et fait son doctorat de théologie en Allemagne – leur délivre une analyse théologique sophistiquée. Au lieu de ça, il évoqua l'odeur des brebis.

Il les encouragea à être de bons pasteurs, intégrés à leur « troupeau » au point de vivre avec « l'odeur de leurs brebis ». Il rappela l'onction biblique d'Aaron, le grand prêtre, et précisa que l'onction sacerdotale « n'est pas destinée à nous parfumer nous-mêmes, ni à être conservée dans un pot, parce que l'huile alors deviendrait rance (…) et le cœur amer ». Il les enjoignit à « sortir d'eux-mêmes » et à accéder « aux périphéries où se trouve la souffrance », plutôt que de rester en retrait pour devenir de vagues « intermédiaires, gestionnaires », ces prêtres qui « ne paient ni de leurs personnes ni de leurs cœurs »[80]. Depuis, le pape a souvent repris ces idées, en recourant au même type d'images fortes : « Quand l'Église se replie sur elle-même, tôt ou tard, elle tombe malade à cause de l'air vicié des endroits clos », ou « Nous comprenons mieux la réalité en nous plaçant non en son centre mais en périphérie », ou peut-être encore « Nous ne pouvons devenir des chrétiens empesés, trop polis, qui parlent tranquillement de théologie autour d'une tasse de thé. Il faut que nous soyons des chrétiens courageux qui viennent en aide à ceux qui en ont le plus besoin »[81].

Oui, soyez courageux et venez en aide à ceux qui en ont le plus besoin. Évitez néanmoins de le faire avec condescendance et suffisance, comme si vous aviez tant à donner à ces créatures inférieures et ignares. En effet, il faut d'abord admettre votre méconnaissance du monde et apprendre des pauvres pour avoir ce « courage ». Le père Bergoglio l'a clairement fait comprendre à ses séminaristes. Le père Tomás Bradley se souvient d'une des leçons qu'il leur a dispensées : « Vous apprendrez au contact des gens avant de leur enseigner quoi que ce soit. » Et c'est précisément parce que les séminaristes avaient tant de choses à étudier que le père Bergoglio leur répétait souvent qu'il « était important de [se rapprocher des pauvres gens] pour former le cœur des prêtres ».

Le leadership aux pieds crottés : quelques leçons à en tirer

Les pasteurs catholiques ont sans doute passé des nuits blanches et annoté les conseils de leur souverain pontife pour s'en inspirer. Car l'Église d'aujourd'hui cherche à reconquérir les millions de catholiques qui s'en sont éloignés. Et nous, alors ? Nous ne dirigeons pas d'église, après tout ; nous gérons des affaires ou des écoles. Nous sommes nombreux à ne pas adhérer à la tradition religieuse du pape.

C'est que les efforts du pape sont inextricablement liés à une conception plus vaste : il exhorte sans arrêt les catholiques à s'engager dans le monde, surtout auprès des plus démunis, tout en rappelant que l'Église n'est pas une ONG parmi d'autres : tout ce travail doit découler d'une mission religieuse et holistique[82].

- *Vous ne pouvez pas nous diriger sans connaître notre réalité.* Il ne suffit pas d'avoir une vague idée de nos vies pour gagner notre confiance et notre allégeance. Il faut que vous vous y intéressiez suffisamment pour vous approprier les défis qui sont les nôtres, comme le père Bergoglio qui savait ce que c'était de se lever à 5 h 30 pour se coltiner les tâches ménagères et qui n'avait pas besoin de lire le journal pour avoir une idée de la famine qui frappait sa communauté. Hernán Paredes se rappelle d'un moment révélateur : au séminaire, le père Bergoglio montra une statue de Notre Dame des Douleurs en disant : « Vous voyez, plus je vieillis et plus je m'identifie à Elle. »

En d'autres termes, plus vous arpenterez les rues les yeux grands ouverts, plus vous verrez de souffrances, mieux vous comprendrez que les honnêtes gens se sentent accablés par les malheurs de leurs frères humains. Le terme laïc pour désigner cette sensibilité charitable est *solidarité.* Le poète John Donne l'a très bien décrite : « La mort de tout homme m'amoindrit parce que je fais partie de l'humanité ; c'est pourquoi ne demande jamais pour qui sonne le glas. Il sonne pour toi. »

- *Vous ne connaîtrez notre réalité qu'en marchant parmi nous.* Ne vous cachez plus derrière vos bureaux, ôtez vos « lentilles de contact intelligentes », qui effacent les misères, et regardez autour de vous. Allez en périphérie, crottez-vous les pieds, prenez l'odeur de vos moutons.
- *Ne soyez pas spectateurs mais acteurs.* Dès que vous aurez marché et que vous connaîtrez notre réalité, vous ne pourrez plus rester indifférent à la souffrance.
- *Agissez et apprenez.* Vous avez quelque chose d'unique à offrir (souvenez-vous du thème phare du chapitre 3), et peut-être encore plus à gagner. Comme le rappelait le père Bergoglio à ses séminaristes, vous apprendrez des gens avant de leur enseigner quoi que ce soit.

Et l'avertissement du pape François à son Église s'applique à tous les domaines dans lesquels j'ai travaillé : « Quand l'Église se recroqueville sur elle-même, tôt ou tard, elle tombe malade, à cause de l'air vicié des endroits clos. » Dès qu'on perd le sens des réalités et les perspectives de ceux que l'on est censé servir, on est perdu. Voilà ce que le pape explique à ses fidèles, et nous pourrions tous trouver des analogies entre sa déclaration et nos propres vies. « La pauvreté réduite à une abstraction ne nous sert à rien. Nous apprenons la pauvreté au contact de la chair du Christ, en touchant celle de l'humble, du pauvre[83]. » Dans cette allocution, le pape François posa deux questions à son auditoire : « Dites-moi, quand vous donnez l'aumône à quelqu'un, est-ce que vous le regardez dans les yeux ? (…) Lui donnez-vous la pièce en la posant dans sa main ou la lui jetez-vous[84] ? »

Au cœur du leadership du pape François

Mais ce serait trahir le pape François que de présenter ses actions comme de pures manœuvres stratégiques, sans évoquer la vision du monde qui les anime. Ce livre repose sur l'hypothèse suivante : les leaders agissent en fonction de croyances et de convictions forgées bien avant leur accession au pouvoir ou aux appartements papaux. Dès lors, qu'est-ce qui pousse le pape à vouloir s'immerger dans le monde ? Ce réflexe – comme beaucoup d'autres – ainsi que sa vision des choses portent l'empreinte de sa formation jésuite, elle-même imprégnée des *Exercices spirituels* d'Ignace. J'invite les lecteurs à réfléchir et à aiguiser leurs convictions en lisant les paragraphes suivants.

Les chapitres précédents ont esquissé la conception particulière d'Ignace. Bien se connaître soi-même, y compris ses faiblesses, et accéder à une sereine acceptation de soi pour répondre à sa vocation de leader. Ensuite, se « dépasser » afin de défendre une cause supérieure et œuvrer à la plus grande gloire de Dieu. Dans ces conditions, il n'y a rien d'étonnant à ce que le titre exact du programme de méditation d'Ignace de Loyola soit : *Exercices spirituels pour se dépasser soi-même et organiser sa vie*[85]. On ne se maîtrise pas toujours très facilement. Ignace comparait la vie à un champ de bataille spirituel, où l'ennemi de la nature humaine s'évertue à saper notre dévouement à une cause supérieure. Nous pouvons en déduire qu'Ignace voyait le monde – où se livre ce combat pour notre allégeance – comme un endroit sinistre, jonché de pièges et de tentations. Ceux qui convoitaient une récompense céleste avaient donc tout intérêt à limiter leur implication dans cet univers dangereux où l'ennemi de la nature était à l'affût, tapi dans tous les coins.

En fait, Ignace était convaincu du contraire. Ne vous retirez pas : plongez. Le monde n'est pas mauvais, il est profondément bon. Dieu l'a créé et, par définition, tout ce que Dieu crée est bon. Au plus fort de la méditation des *Exercices spirituels*, Ignace nous conseille de considérer Dieu : « Présent dans toutes les créatures (...), dans les plantes, leur donnant la végétation ; dans les animaux, leur donnant le sentiment[86] ». Vous vous souvenez de ce que Bergoglio a dit à María Soledad Albisú, que même une porcherie était un lieu propice à la prière ? Ce commentaire était évidemment influencé par l'œuvre d'Ignace. Et si Dieu se manifeste en toute création, alors, toujours selon Ignace, Dieu est aussi en moi-même « de ces différentes manières, me donnant tout à la fois l'être, la vie, le sentiment et l'intelligence. Il a fait plus : Il a fait de moi son temple ; et, dans cette vue, Il m'a créé à la ressemblance et à l'image de Sa divine Majesté[87] ».

Cette « présence au monde » est résumée dans l'un des grands mantras de la pensée jésuite : « trouver Dieu en toutes choses », une phrase attribuée au fondateur de l'ordre par l'un de ses compagnons. Un jésuite anglais, poète du XIXe siècle, Gerard Manley Hopkins, exalte la même idée dans l'une de ses œuvres les plus connues : « Le monde est plein de la grandeur de Dieu[88]. » Dieu est omniprésent, comme un courant traversant tout homme et toutes choses. Notre mission ? Discerner le bien que nous avons sous les yeux, apprécier la bonté du monde, et devenir l'intendant attentif de ces richesses. Et inversement, réagir lorsqu'on fait un mauvais usage de ces biens matériels. Nous ne nous soucions plus du bien ici-bas ; comme le pape l'a souligné : « Aujourd'hui, la personne ne compte plus, c'est l'argent, les sous qui comptent. Et Jésus, Dieu a donné le monde, toute la création, Il l'a donné à la personne, à l'homme et à la femme afin qu'ils l'administrent, Il ne l'a pas confié à l'argent[89]. »

Inutile de se demander pourquoi cet homme, qui s'est imprégné de ces idées au cours de sa formation jésuite, incite désormais les séminaristes, tout comme nous tous, à plonger dans ce monde empli de présence divine. En effet, il a témoigné son inquiétude, car : « Nous perdons le sens de l'émerveillement, de la contemplation, de l'écoute devant la création ; nous ne sommes donc plus capables de saisir ce que Benoît XVI appelait "le rythme de l'histoire d'amour entre Dieu et l'homme"[90]. »

La spiritualité toute jésuite du pape François lui permet de rester connecté à la réalité ; Dieu remplissait de sa présence les bidonvilles que les postulants arpentaient. Bergoglio tentait simplement d'éveiller ses postulants à Le percevoir, L'entendre et Le respirer même. Ce concept s'applique aussi à l'exercice de la prière : inscrivez-la dans le réel, ne la laissez pas s'abîmer dans l'abstraction. Ignace rappelait aux jésuites qu'ils priaient une vraie personne, les invitant à s'adresser à Jésus comme « on s'entretient d'ami à ami[91] ». Et son fils spirituel, le pape François, défend la même idée, avec des images plus pittoresques : « En nous adressant à Dieu, nous parlons à des personnes concrètes et tangibles et non à une sorte de brouillard, de Dieu vaporisé[92]. »

Résumons ce chapitre dans la terminologie chrétienne d'Ignace et du pape François : le grand leadership est « incarné » – en d'autres termes, les leaders imitent Jésus, qui s'immergea volontairement dans un monde perturbé sans pour autant renoncer à sa conception des relations humaines. Jésus partagea la réalité quotidienne de ses concitoyens les plus démunis. Il a sans doute aussi pris part aux corvées de lessive lorsqu'il arpentait les routes avec ses disciples. Les chrétiens d'aujourd'hui devraient donc vivre et diriger à son image. Selon l'expression du pape François : « La pauvreté, pour nous chrétiens, n'est pas une catégorie sociologique, philosophique, ou culturelle : non, c'est une catégorie théologale (…) parce que notre Dieu, le Fils de Dieu (…) s'est fait pauvre pour nous accompagner sur la route[93]. »

Si le bon leadership est à l'image de Jésus en pleine action, à quoi ressemble le mauvais ? Au cours de son séjour sur terre, Jésus dut souvent s'opposer aux pharisiens, surtout pour leur hypocrisie, parce qu'ils

« lient des fardeaux pesants et les mettent sur les épaules des hommes, mais ils ne veulent pas les remuer du doigt » (Matthieu 23.4).

Ou pour synthétiser ce chapitre en termes profanes : si vous voulez diriger, affrontez le réel. Prouvez-nous que vous comprenez ce qui se passe vraiment ici-bas. Ne vous écartez pas de la réalité ; ne vous cachez pas dans un bureau, derrière des chiffres ou une idéologie. Crottez-vous les pieds. Insufflez-nous le sens du sacrifice en en faisant vous-même. Endossez la responsabilité de vos choix et de leurs conséquences sur vous, votre famille et le monde qui vous entoure.

Oui, affrontez le réel en vous immergeant dans le monde, en crottant vos souliers. Mais aussi, prenez chaque jour un moment pour vous isoler dans un endroit retiré. Le chapitre suivant poursuit le développement de ce paradoxe : les grands leaders sont ancrés dans le monde mais ne sont pas complètement « de » ce monde.

Chapitre 6

S'agenouiller seul : prendre du recul pour relativiser

La joie est un don du Seigneur. Elle nous remplit de l'intérieur.

Pape François, homélie, le 10 mai 2013

Le père Tomás Bradley se souvient d'une des priorités de Jorge Mario Bergoglio : « un programme quotidien de prières, de lectures et de réflexions – et s'engager à s'y tenir, à être ponctuel ». Pourquoi ? « Afin de vivre sa vie intensément, de comprendre ce qui nous arrive, surtout lorsqu'on a une vie trépidante. »

Marquons une petite pause et autorisons-nous un bâillement. Il n'y a rien de surprenant à ce qu'un prêtre serine ses réflexions pieuses à des « bébés » séminaristes. Ces derniers y voient certainement un intérêt. Pour nous, c'est loin d'être captivant. En réalité, le message du père Bergoglio trouve davantage de résonance dans notre monde qu'entre les murs d'un séminaire. Ayant connu ces deux univers, je peux en attester. Il paraît normal que le monde du travail soit plus stressant que celui d'un séminaire. Pourtant, dans les deux contextes, nos facultés d'adaptation sont plus que limitées. Ce chapitre traite de ce problème en développant une nouvelle dimension spirituelle du grand leadership. Les dirigeants s'exposent aux challenges et aux bouleversements quotidiens d'ici-bas, mais ils s'en extraient aussi tous les jours. À cet égard, diriger relève tout autant de la spiritualité que de l'immersion dans le réel.

Suis-je le seul à ne pas avoir reçu de nouvelles du pape ?

Commençons par une anecdote, ou disons plutôt une recommandation destinée aux lecteurs férus d'ouvrages sur le leadership et de leurs conseils pratiques. Si l'un de vos amis est élu pape et que, sous le coup de l'enthousiasme, vous rédigez à toute vitesse un e-mail – à l'attention de tous vos contacts – intitulé « Mon ami le pape », n'oubliez pas de supprimer son adresse à lui avant de cliquer sur l'icône « envoyer ». Hernán Paredes a retenu la leçon, même s'il y a de fortes chances pour qu'elle ne lui serve jamais plus, ni à nous d'ailleurs (à l'exception des cardinaux qui lisent ce livre).

Paredes, ravi de l'élection de son ancien père spirituel, s'empressa de raconter quelques souvenirs et réflexions dans un message qu'il envoya à la liste de ses amis, dont Jorge Mario Bergoglio. Heureusement pour Paredes, son message ne contenait que des compliments.

Le plus important dans cette histoire, c'est la suite : il reçut une réponse. Paredes la sauvegarda sur son ordinateur (qui ne l'aurait pas fait ?) et, tout fier, me la montra sur l'écran de son portable. Je doute que la mémoire cybernétique traverse les générations aussi bien qu'une lettre signée d'Abraham Lincoln, fièrement conservée par les descendants du destinataire. Et, pour être tout à fait honnête, la police de caractère d'un e-mail de Jorge Mario Bergoglio est quand même bien moins excitante qu'une trace manuscrite.

Le pape lui fit parvenir une réponse brève (j'imagine qu'il devait avoir bien autre chose en tête). Il remerciait Paredes pour ses mots bienveillants et lui demandait de prier pour lui. En fait, Paredes me confia que plusieurs de ses anciens camarades avaient reçu un message personnel, peut-être moins poignant que celui destiné au père jésuite Miguel Angel Arias. Dans le précédent chapitre, j'ai évoqué le sermon que le pape a prononcé le jour du Jeudi saint pour exhorter les prêtres à s'occuper si bien de leur troupeau qu'ils prendraient l'odeur de leurs brebis[94]. Le pape avait appelé Arias quelques heures avant, ce jour-là. Bien que son agenda croulât sous les rendez-vous, il n'oubliait pas son ancien séminariste gravement malade d'un cancer. Il lui fit part de son inquiétude et l'assura de ses prières, incarnant ainsi le message public qu'il délivrerait plus tard dans la basilique : rester proche de son peuple et faire siens ses besoins et ses combats.

Le père Arias mourut ce week-end-là. Le pape François célébra la veillée pascale pendant trois heures le samedi soir, puis une messe joyeuse, en plein air, devant des milliers de fidèles le dimanche matin, et enfin donna la bénédiction traditionnelle *ubi et orbi* du haut du balcon de la basilique Saint-Pierre. Le lendemain matin, il fit passer un nouveau message important en appelant la famille d'Arias pour lui présenter ses condoléances avant les funérailles.

Une poignée d'autres personnes reçurent des nouvelles du pape (dans des circonstances moins graves que celle d'Arias) et eurent leur quart d'heure de célébrité médiatique. Le pape passa personnellement un coup de fil au général des jésuites, le standardiste du siège de l'ordre en témoigna. Je fus de passage à Rome peu de temps après et tombai sur l'une des nouvelles vedettes de la ville, avec laquelle j'avais discuté une ou deux fois par le passé. Dans un mélange d'espagnol, d'anglais, et de gestes (je ne parle pas l'italien), je lui lançai : « Hé ! Vous êtes le fameux type qui a parlé au pape ! » Il commença à me relater leur échange avec agitation, en parlant l'italien comme une mitraillette, mais je maîtrisais suffisamment la pantomime pour saisir l'idée générale : il porta un combiné imaginaire à son oreille, prit l'air exaspéré, et roula des yeux, ce qui, en langage universel signifie : « Quel est cet imbécile à l'autre bout du fil ? – Ouais, c'est ça, vous êtes le nouveau pape, et moi je suis le Premier ministre italien. » Puis il ouvrit grand les yeux, comme lorsqu'on commence à saisir : « Oh, mon Dieu – c'est vraiment le pape. » Ensuite, le pontife, devinant sa panique croissante, lui demanda son prénom avant de gentiment lui conseiller : « Andrea, *con calma, con calma.* »

À Buenos Aires, un service de livraison de journaux reçut également un appel : le pape François leur demanda de mettre fin à son abonnement – ce à quoi ils avaient sans doute déjà pensé. L'employé du service eut alors son moment de gloire lorsqu'il dévoila un détail prouvant la crédibilité du Saint-Père comme défenseur de l'environnement. À la fin de chaque mois, le pape passait au kiosque à journaux pour rendre les trente bandes élastiques qui avaient enveloppé son journal quotidien[95]. Le frère jésuite Mario Rafael Rausch reçut comme d'habitude un coup de fil le 23 mars, jour de son anniversaire. Et l'abbé qui fut le secrétaire personnel du cardinal Bergoglio confirma que tous les prêtres de Buenos Aires avaient une ligne ouverte pour l'appeler en cas de besoin[96]. Ça alors ! Suis-je donc le seul à ne pas avoir eu de nouvelles de lui et à ne pas savoir comment le joindre ?

Ces charmantes anecdotes étayent les arguments du chapitre précédent : restez en contact avec la réalité, traitez chaque personne pour ce qu'elle est : unique et digne, et non comme un simple fonctionnaire ou la case interchangeable d'un organigramme.

L'art de déléguer intelligemment

Mais le pape François se retrouve confronté à une nouvelle réalité : bien qu'il s'arrangeât pour entretenir ses « contacts » quand il était cardinal, sa nouvelle charge de travail papale ne lui permet plus de passer tous ses appels, d'assurer la permanence d'une ligne ouverte pour les quelque 400 000 prêtres catholiques, de s'abonner à un journal et encore moins de s'occuper de tous les documents administratifs qui affluent au Vatican. En effet, à l'approche de l'élection papale, les cardinaux avaient déjà tapé du poing sur la table (bon, d'accord, les cardinaux sont trop dignes pour se laisser aller à ce type de comportement). Ils avaient signalé, avec la délicatesse qu'impose la charité chrétienne, que le Vatican est une espèce de trou noir administratif : les problèmes et la paperasserie y sombrent pour ne ressurgir que des lustres plus tard. Nombreux sont les nouveaux leaders à crouler sous le volume et la difficulté des problèmes. Comment un nouveau pape – et *a fortiori* un directeur d'hôpital ou même un parent – parvient-il à tenir la cadence ?

La réponse est aussi paradoxale qu'illogique : prenez du recul. Souvenez-vous du conseil que le père Bergoglio a donné au père Bradley : si vous menez une vie trépidante, vous devez vous astreindre à un programme de réflexion pour tenir le coup. Aujourd'hui, le rythme, le volume, la difficulté et la volatilité endémique de la vie active menacent notre bien-être : ils s'allient pour multiplier les formes de stress, nous enliser dans le surmenage, miner notre aptitude à prendre des décisions, nous écarter de nos objectifs. L'institut américain pour la sécurité et l'hygiène professionnelles a estimé que 40 % des travailleurs se sentaient surmenés par leur travail et stressés au point de faire des crises d'angoisse ou une dépression[97].

Nous connaissons tous ces symptômes, pourtant, les experts du leadership et consultants en comportement organisationnel ne proposent aucun remède, sinon des palliatifs, comme une meilleure gestion du temps ou une délégation vigoureuse. Ils traitent l'aspect pratique des problèmes sans se soucier de leur dimension spirituelle et de la nécessité d'une réflexion profonde. Cet exercice ne serait qu'une « médecine douce » ou « n'aurait pas sa place dans une entreprise », estime-t-on depuis trop longtemps. Dans ces conditions, comment voulez-vous que les cadres puissent rester concentrés ou même, Dieu nous garde, se recueillir pour prier ? Aussi, après avoir abordé le côté pratique (la délégation), nous quitterons la zone de confort pour traiter le transcendant (le recueillement et la méditation).

À présent, tout le monde sait que les mauvais leaders contrôlent tout (c'est ça, le micromanagement) et que les bons délèguent. On est plus motivé et performant quand on a la main sur son travail : donnez-moi des objectifs réalistes et les moyens nécessaires pour les atteindre, mais faites-moi confiance pour réussir. Les bons parents découvrent qu'en responsabilisant leurs enfants, en leur cédant de plus en plus de libertés, ils leur apprennent à surmonter puis à résoudre les problèmes et à se rendre maîtres de leur destin. Des notions qu'ils auront plus de mal à acquérir s'ils sont sous surveillance constante et trop sévèrement punis. Cela va de soi : aucun cadre ne sera jamais à la hauteur d'un conseiller juridique pour répondre à des questions de droit, ni à celle d'un spécialiste de la production pour régler des soucis de fabrication, etc. Finalement, l'aptitude à déléguer comporte aussi un côté spirituel : si vous m'accordez le respect dû à une créature douée, faite à l'image de Dieu, comment pourriez-vous refuser de vous dévouer et de me coacher, me former, m'intimider, m'encourager ou m'amadouer pour que je donne le meilleur des talents que Dieu m'a donnés ? Et ainsi m'aider à relever les défis de ma propre initiative ?

Souvenez-vous d'Ethan Berman, le directeur exécutif d'une société financière qui a eu l'audace étonnante et paradoxale de demander aux membres du conseil de lui accorder moins que prévu. Son exemple nous donne un aperçu de ce que signifient déléguer et accorder sa confiance.

Il développa sa société, qui passa assez vite de vingt-cinq employés à plus d'un millier. Il raconte : « À mes débuts, il m'arrivait de croiser un collègue dans le hall et nous prenions une décision stratégique là, sur-le-champ. » Un professeur d'école de commerce abonda dans son sens en cataloguant les jeunes sociétés de « ad hoc-raties » plutôt que de « bureaucraties ». En d'autres termes, les compagnies gigantesques croulent sous le poids de l'administration et se font parfois doubler par les « ad hoc-raties », plus lestes, qui prennent des décisions « instantanées » (y compris dans les halls d'entrée). Une prospérité rapide ne va néanmoins pas sans défi. « Quand tu as des centaines d'employés, dont certains à Tokyo, ils ne peuvent pas tous participer aux conversations qui se tiennent dans l'entrée du bureau de New York. Il faut donc ajouter un nouvel échelon dans le processus décisionnaire. »

Le truc, c'est d'ajouter de la bureaucratie sans devenir bureaucrate, et c'est là que la délégation intervient. Le challenge d'Ethan était le même que celui de tous les managers de petites équipes chargés de superviser des cadres moyens, ou de n'importe quel cardinal argentin élu pape de l'Église universelle. Après avoir engagé son premier directeur commercial – il avouait ne rien connaître en ce domaine –, Ethan ne pouvait pas s'empêcher d'essayer de deviner les projets de sa nouvelle recrue. Après tout, il avait pris l'habitude de participer à toutes les décisions. Quand on a toujours eu la mainmise sur tout, pas facile de lâcher du lest – surtout lorsque ça nous a permis de gravir les échelons. Mais après avoir passé des semaines à mettre son nez dans les dossiers de sa nouvelle recrue, Ethan eut une révélation : « Et donc, si j'ai commis une erreur en embauchant ce type, mieux vaut le virer. Mais dans le cas contraire, il faut que je lui fasse confiance. » Il se ravisa, le laissa diriger son département et n'eut jamais à le regretter.

Le juste équilibre entre autorité et confiance

Avec la croissance et devant la complexification du travail, il devient impératif de déléguer. Et à la délégation succède un autre impératif : la confiance. À cet égard, la « start-up » d'Ignace de Loyola constitue un cas d'école intéressant : une génération après son lancement, elle était passée d'une dizaine d'amis proches à un effectif de 5 000 jésuites, et la Compagnie se mua en multinationale solide, présente sur quatre continents. Bien qu'Ignace vécût dans un XVIe siècle léthargique, et que la Harvard Business School n'existât pas encore, il assimila intuitivement la notion de « délégation ».

Cela peut paraître surprenant. Après tout, on associe généralement les ordres religieux aux vœux de pauvreté, de chasteté et d'obéissance, et Ignace s'illustra en défendant surtout ce dernier. Et ce, par une métaphore mémorable, quoique peu flatteuse. Pour lui, les jésuites devraient se laisser mener « comme le bâton d'un vieillard que celui qui le tient dans sa main utilise n'importe où et pour n'importe quel usage auquel il voudrait l'employer[98] ». Une allégorie motivante, non ?

Mais pour optimiser les résultats, il faut faire preuve d'autorité agressive tout en délégant de façon aussi déterminée. On voit beaucoup de leaders privilégier l'une ou l'autre des pratiques, mais rares sont ceux qui arrivent à bien gérer les deux. Prenons un exemple : Ignace pouvait attendre la dernière minute pour informer François-Xavier, son meilleur ami, qu'il l'envoyait en Asie d'où celui-ci ne reviendrait sans doute pas, compte tenu de la durée d'un voyage en bateau au XVIe siècle. Pourtant, dès qu'il l'eut chargé de remplir cette mission stratégique et géographique prioritaire pour le tout jeune ordre, Ignace s'en remit totalement au jugement de François-Xavier pour définir tous les détails de l'opération sur place – l'exercice d'une autorité forte couplée à une délégation toute aussi audacieuse.

En effet, tout en insistant sur la nécessité d'obéir comme « le bâton d'un vieillard », les lettres d'Ignace à ses subordonnés étaient ponctuées de phrases telles que : « tout ce que vous jugerez bon en Sa divine Majesté, j'estimerai que c'est le meilleur et le plus approprié pour tout », ou « Le ou les moyens qui vous paraîtraient les meilleurs dans le Seigneur le seront aussi pour moi (...) venant d'une personne qui partage ma volonté et qui sera plus familiarisée avec les circonstances locales », ou encore « Olivier, taillez vos habits d'après l'étoffe dont vous disposez ; tenez-nous simplement informés de vos actions »[99].

Gérer les résistances au changement

Le pape François saura-t-il aussi bien déléguer que son père spirituel, Ignace ? Une anecdote récente pourrait nous apporter une ébauche de réponse. Le cardinal en charge de l'un des départements clés du Vatican et qui avait un poste de bras droit à pourvoir rapporta dans une interview les questions que le pape lui posa : « "Qui voudriez-vous embaucher pour être votre secrétaire [c'est-à-dire votre second] ? Donnez-moi trois noms.» Ce que je fis, raconte le cardinal. Mais [le pape] demanda : "Lequel des trois souhaiteriez-vous voir à ce poste ?" Carballo, lui ai-je dit. (Le pape) répliqua : "Bon, très bien." Et il nous attribua José Rodríguez Carballo, de l'ordre des Frères mineurs. » La conclusion du cardinal synthétise intelligemment notre exposé sur la confiance et la délégation : « Une méthode formidable et simple à la fois : "Je vous fais confiance, de même qu'à Carballo", donc voilà (…) Il [le pape] ne complique pas les choses. »[100]

À bien y réfléchir, cette anecdote ne suffit pas à résumer le problème : c'est beaucoup plus compliqué que cela. Le pape est confronté à une question d'organisation classique mais épineuse. S'il a été élu, c'est en partie pour initier des changements. Or, nul ne peut relever seul ce genre de défi. Pour conduire le changement culturel qu'il envisage, il doit s'appuyer sur une coalition de lieutenants qui partagent sa vision. Mais certains d'entre eux risquent de lui rendre la tâche difficile. S'il ne délègue pas farouchement à son équipe, il échouera. Mais que faire si ceux qu'il a choisis se montrent réfractaires au changement ? Si le leader s'en remet à des bureaucrates rigides et opposés à ses idées, il ne réussira pas non plus : il n'y a rien de tel que l'immobilisme résolu de fonctionnaires influents pour bloquer toute nouvelle initiative. Le pape François s'est octroyé un temps de réflexion particulièrement long avant d'annoncer le maintien en fonction des directeurs de département de la Curie romaine (ou chefs de « dicastères »). Les observateurs avisés du Vatican l'ont d'ailleurs remarqué. Mais comment expliquer ce délai ? Il s'agit de questions cruciales pour le futur de l'Église, et il le sait. Je le soupçonne aussi d'avoir voulu déterminer qui, dans son équipe, accepterait d'appuyer ses projets et de l'aider à réformer l'institution. Au moment de prendre ces décisions importantes, il a sûrement recouru à cet instrument souvent délaissé mais essentiel (surtout lorsque les leaders doivent gérer difficultés et changements) qu'est l'aptitude à prendre du recul pour réfléchir posément.

Une réflexion posée plutôt qu'un camp d'entraînement

Quand nous, managers, déléguons, à quoi employons-nous systématiquement le temps que nous nous sommes dégagé ? On s'empresse de l'occuper avec encore plus d'activités et de travail. Alors, nous dégradons lentement notre capacité de concentration, et pire, nous nous empoisonnons la vie et celle de nos collègues en prime.

À l'aube du nouveau millénaire, le *Harvard Business Review* (HBR) publia une petite série d'articles sur deux problèmes connexes : le travail compulsif et l'incapacité à prendre du recul pour réfléchir. En 2002, deux professeurs d'une école de commerce européenne constatèrent dans un article que les cadres supérieurs vous « diront que la ressource qui leur manque le plus, c'est le temps (...), mais regardez-les bien et voilà ce que vous verrez : ils courent de réunion en réunion, consultent leurs mails sans arrêt, éteignent les "incendies" les uns après les autres et passent d'innombrables coups de fils. En un mot, ils enchaînent les activités à une vitesse effarante, ce qui ne leur laisse plus le temps de réfléchir. » Les auteurs qualifient ces « extinctions de feux » effrénées et inutiles d'« affairement non productif » ou « de non-action active »[101].

Un an plus tard, Henry Mitzberg, le doyen de la conception moderne du leadership, reprit le même thème dans un article qu'il coécrivit : « De nos jours, les managers qui sont envoyés en formation se retrouvent propulsés dans des “camps d'entraînement” (...) mais c'est mal pensé (...) La plupart des managers que nous connaissons y sont déjà tous les jours (...) Aujourd'hui, ils ont surtout besoin de s'arrêter et de réfléchir, de prendre du recul pour méditer sur leurs expériences[102]. »

Malgré l'émergence d'un consensus sur l'épidémie d'affairement non productif, les remèdes proposés sont rares et souvent tournés en ridicule par le monde macho des affaires. Une interview d'HBR nous en offre un exemple comique. Un chercheur sur les relations entre le corps humain et l'esprit fit la proposition suivante : dans les entreprises, les séances de brainstorming qui ont lieu en petit comité gagneraient en efficacité si on les précédait d'une phase de « décompression ». « Je demande [aux cadres] de fermer les yeux (...) À chaque expiration, ils doivent prononcer en silence un mot ou une phrase qui a une charge émotionnelle personnelle, comme “calme” ou “paix”. S'ils sont croyants, ils peuvent se réciter le premier verset du 33e Psaume, par exemple[103]. » Le commentaire de l'interviewer, visiblement perplexe, résume très bien le dilemme auquel on est alors confronté : « C'est difficile d'imaginer un leader se prêter à ce genre d'exercice. Trop mièvre. » Fin de la discussion.

Le problème n'échappe à personne : la « non-action active », le maelström interminable de textos et de coups de fil, le temps libéré grâce à la délégation occupé sur-le-champ par d'autres activités, l'incapacité à donner vingt minutes entières d'attention à la présentation d'un collègue sans jeter des coups d'œil au smartphone planqué sous la table (ça ne passe jamais inaperçu, en fait) ; ce même smartphone du boulot qu'on s'empresse de rallumer dès que l'avion touche le tarmac (et qu'on maudit parce qu'il nous fait perdre quinze précieuses secondes à charger les messages). Tout le monde sait qu'il faut arrêter de s'imposer de fausses urgences et descendre du tapis roulant. Mais comment ? Eh bien, le pape François, fidèle à la tradition ignatienne, aurait sans doute une suggestion à nous soumettre : ne faites rien. Enfin, « rien » pour des observateurs non avertis, car il s'agit de l'activité fondamentale du quotidien pour le pape François. Une activité réitérée plusieurs fois par jour d'ailleurs.

Un pape seul dans son silence

À quoi s'attend-on de la part d'un directeur le jour de son entrée en fonction ? Qu'il remplisse une tâche de la plus haute importance comme l'organisation d'une réunion avec ses bras droits, ou de briefing sur la stratégie et les finances, ou l'envoi d'une note de service à toute la société qui exposerait ses principales priorités. De même, depuis son élection, le pape François commence sa journée par l'activité selon lui la plus importante : il va prier à la basilique Sainte-Marie-Majeure et se prosterne devant l'autel où le fondateur de la Compagnie de Jésus, une fois ordonné prêtre, avait célébré sa toute première messe des siècles auparavant.

L'image du pape se recueillant seul, en silence, le premier jour de son ministère – il n'avait pas l'air pressé du type qui fuit des paparazzi en quête de scoop – devrait devenir un symbole de leadership, comme celle de la Papamobile vide ou du lavement des pieds de jeunes délinquants. Mais cette image ne prendra jamais une valeur emblématique parce qu'il ne s'y est, en apparence du moins, rien passé : aucune discussion, ni voyage, ni réunion, ni ordinateur en plein calcul en arrière-plan – en un mot, le pape ne fit rien qui corresponde à nos stéréotypes de l'activité performante. Pour un dirigeant, ces moments de calme sont considérés au mieux comme une pause, au pire comme une perte de temps. Pourtant, le pape François consacrait ses minutes de prières à la chose la plus importante pour un leader. Il priait, bien sûr, mais il se remémorait surtout le sens de sa mission et les valeurs qu'il lui faudrait incarner. Il faisait le vide dans son esprit pour se focaliser sur ses priorités, se détachant du simple « affairement » pour retrouver une dynamique et prendre du recul, reconnaissant que, quoi qu'il fît, le monde échapperait à son contrôle. Je doute d'ailleurs qu'il se contentât ce jour-là de cette seule visite à la basilique à 8 h 30 pour réfléchir. Des années plus tôt, deux journalistes lui avaient demandé quels objets personnels il emporterait avec lui en cas d'incendie, et le père Bergoglio mentionna son agenda et son bréviaire – « je suis très attaché à mon bréviaire », précisa-t-il[104].

Le bréviaire (terme venu du mot latin évoquant ce qui est « bref », « court ») que les prêtres catholiques lisent quotidiennement se compose de prières, de textes bibliques et liturgiques. Au fil des années, le pape a glissé plusieurs souvenirs entre les pages usées du sien : quelques lettres de sa grand-mère et son poème préféré. Ce qui importe le plus pour nous, c'est l'usage que le prêtre fait de cet ouvrage : il s'y plonge chaque jour à divers moments de la journée, pour de brèves méditations. Le pape François confia au journaliste qu'il s'agissait de « la première chose que j'ouvre le matin et la dernière chose que je ferme avant d'aller me coucher[105] ». Il a certainement dû consulter ce bréviaire avant d'entamer sa première journée papale et passer ses dernières minutes d'éveil à le feuilleter. Enfin, peut-être n'était-il pas « éveillé ». Il confia à un groupe de visiteurs que, pendant les complies, « il m'arrive de m'assoupir. La fatigue de la journée se fait sentir et nous sombrons. Mais Dieu le comprend[106] ». Il y a des chances pour que le pape se soit ménagé d'autres moments de réflexion ce jour-là (et les suivants), si l'on en croit le régime qu'il proposa – imposa en son temps – à Paredes, Gauffin, Bradley et aux séminaristes sous sa tutelle. Tous les jours, à midi et à 17 heures, la cloche appelait les postulants. Certains abandonnaient les cours, la ferme communautaire ou les tâches ménagères et couraient vers la chapelle, tandis que d'autres prenaient une pause dans la résidence universitaire ou dans leur classe. Et puis ? Un observateur extérieur nous aurait révélé, perplexe, que ces dizaines de séminaristes s'étaient dépêchés pour ne rien faire. Certains s'agenouillaient, d'autres s'asseyaient, en silence. Pendant ce quart d'heure environ, ils ne chantaient pas de cantiques, ne psalmodiaient pas de prières, n'écoutaient pas un sermon du père Bergoglio qui, d'ailleurs, les rejoignait en silence.

Le souvenir pour ceux qui marchent

Je sais ce qu'ils faisaient pour l'avoir fait souvent moi-même. Les jésuites, qui ont un étrange faible pour les arcanes de la terminologie latine, qualifient toujours cette discipline d'« examen » (l'étymologie latine du mot évoque « l'examen » ou « l'évaluation » de soi-même). De nos jours, on appellerait cela une pause de ravitaillement moral. Avec les *Exercices spirituels*, c'est l'une des disciplines essentielles de la spiritualité jésuite. Prendre ces quelques minutes sans se laisser distraire – c'est-à-dire sans Facebook ou SMS, s'il vous plaît – vous permet d'accomplir au moins trois tâches vivifiantes. La première : garder à l'esprit ce pour quoi l'on est reconnaissant. La deuxième : prendre du recul un moment pour se concentrer sur son objectif ultime, ses valeurs, et revenir sur les défauts qu'on souhaite corriger. La troisième : passer en revue les quelques heures précédentes et en extraire des pistes susceptibles de nous être utiles pour les heures à venir. Comment expliquer votre irritabilité face à certains de vos collègues ou patients, par exemple ? Ceux qui adhérent à des traditions religieuses, comme les jésuites, méditent sur la façon dont Dieu s'est manifesté dans leurs rendez-vous de la journée, font amende honorable de leurs erreurs et prient Dieu de les bénir dans les heures suivantes. Cette méthode simple est proprement géniale si l'on considère que nous sommes tous – managers, pape ou parents – quotidiennement sollicités : nous surfons sur une vague d'e-mails, SMS, réunions, appels, problèmes et distractions. On ne trouve jamais le temps de prendre du recul. Avec les conséquences qui en découlent : je suis tendu à cause d'une panne de voiture qui m'a fait perdre une demi-journée chez le garagiste, ce qui m'a amené à me défouler sur mon fils adolescent qui n'y était pour rien. J'achève ma journée de travail sans m'être attaqué à la priorité numéro un, trop accaparé par les petits tracas du quotidien. Je n'arrive jamais à aborder un problème de façon constructive à cause des trois ou quatre autres qui me trottent dans la tête ; ou encore, je finis par sombrer dans la jungle de l'éthique d'une transaction car je n'ai pas pris deux secondes pour me demander : « Attends un peu, est-on vraiment obligé de faire ce truc comme ça ? »

L'examen semble taillé sur mesure pour le mode de vie chaotique d'aujourd'hui. C'est en fait la solution ingénieuse d'Ignace de Loyola au dilemme inhérent à la vie active d'un jésuite. Comme nous l'avons vu, Ignace imaginait ses jésuites enseignants, pères spirituels ou missionnaires complètement immergés dans le monde et ce, même en terres lointaines – ou, pour reprendre l'image du père Bergoglio, il les voyait se crotter les pieds dans les bidonvilles et en revenir imprégnés de l'odeur des brebis. On ne pouvait pas mener à la fois cette existence militante et se ruer vers la chapelle à intervalles réguliers pour la prière collective – je parle des heures canoniales de l'office divin, prières chantées chaque jour, caractéristiques des ordres religieux monastiques. Alors, effectuer son examen individuel n'importe où et à chaque fois que les circonstances le permettaient offrait aux jésuites la possibilité de se recueillir et de rester concentré sur Dieu malgré leurs multiples activités.

Pourquoi le père Bergoglio insistait-il pour que ses séminaristes fassent leurs examens ensemble ? Au début, ce procédé me déconcerta. Pourquoi nous réunir pour un bilan que chaque jésuite est censé, par définition, faire seul ? Et pourquoi imposer un horaire fixe, sonner les cloches, alors qu'Ignace a conçu cette discipline pour sa très grande flexibilité ? Toutes ces attitudes du siècle dernier me paraissaient démodées et avaient d'ailleurs été abandonnées depuis longtemps quand j'entrai au noviciat. Oui, j'étais supposé faire mes examens tous les jours mais, même novice, c'est moi qui en choisissais l'heure et le lieu ; on n'avait pas accroché d'horaires à la porte de la chapelle ni établi de système de suivi pour un contrôle qualité des frères. La méthode très organisée du père Bergoglio m'aurait sans doute irrité (et d'ailleurs, certains de ses séminaristes la trouvèrent discutable).

Mais après avoir travaillé à Wall Street et être tombé sur la citation d'un sage (un François), je crois que je saisis mieux où l'autre François, tout aussi sage, voulait en venir. Le premier était un évêque français du XVIIe siècle répondant au nom de François de Sales. Quand on lui demanda combien de prières journalières étaient selon lui nécessaires, il conseilla d'y consacrer une demi-heure par jour, sauf quand on était très occupé. Dans ces cas-là, il fallait prier une heure, soit deux fois plus.

Maintenant, oubliez les fréquences de sa prescription (et le côté religieux si vous n'êtes pas croyant) pour vous concentrer sur son essence : plus vous êtes débordé, plus il faut rester concentré. Et je soupçonne le deuxième François, le pape actuel, d'y avoir songé au moment de concevoir le programme de prières de ses novices. Pour ma part, je ne l'ai pas compris dans un séminaire, mais dans une banque d'affaires.

À l'époque où j'étais jésuite, je faisais toujours mon examen quotidien, sans avoir besoin de suivre un programme ou le son d'une cloche. Pourquoi ? Parce que j'étais la version jésuite du boy-scout : je voulais toujours bien faire. Mais le temps s'écoule lentement dans un noviciat, il faut me croire ; il ne se passe jamais grand-chose. Ces quarts d'heure de prière ne m'arrachaient jamais à un concert de rock ou à une descente de rafting en eaux claires.

Si, au séminaire, les activités étaient réduites, les tentations l'étaient aussi. L'environnement était entièrement tourné vers la spiritualité (ce qui pouvait devenir oppressant). Dans ce cadre paisible et serein, on se pliait facilement à la discipline. Mais elle ne me servait à rien, justement pour cette raison-là : le noviciat n'offrant aucune distraction, j'étais recueilli et bien concentré. Jusqu'au moment où j'ai abordé la deuxième étape de la vie jésuite ; là, je me suis retrouvé acculé : je préparais deux diplômes à la fois tout en donnant des cours de catéchisme, m'acquittant des corvées communautaires et jonglant avec d'autres obligations. En fait, mes activités étaient si chronophages qu'il m'arriva certains jours de ne pas trouver dix minutes pour faire mon examen… et ce cas de figure s'est répété de plus en plus souvent. Je remplissais scrupuleusement mon rôle de séminariste mais je perdais de vue l'essentiel : qui suis-je et pourquoi est-ce que je fais toutes ces choses ?

Comment ne pas tourner en rond

Il m'a fallu attendre d'être bien installé dans ma vie de banquier d'affaires, quand mes horaires de travail éreintant transformaient le plus animé des symposiums en partie de plaisir, pour saisir la valeur de ces pauses de réflexion. Un après-midi, lassé de traiter un flot continu de messages que rien ne pourrait jamais endiguer, je me suis isolé. J'ai quitté mon bureau de Tokyo pour marcher jusqu'à la ceinture de verdure qui entoure le palais impérial. Bizarrement, à la fin de la journée, la somme de travail effectué n'était pas inférieure à d'habitude, et ce malgré le temps « perdu ». Car j'étais revenu de ma promenade plus concentré. Alors, j'ai pris l'habitude de gaspiller quelques minutes chaque jour, si bien que plus tard, à Londres, je quittais quotidiennement mon bureau du quai Victoria pour aller me ressourcer à l'église Saint-Bride.

Un après-midi, j'ai eu une révélation. Je demandai à l'une de mes collègues comment s'intégrait une des nouvelles recrues (plutôt douée) de son département. Elle secoua la tête, gloussa et répondit : « Il tourne en rond. » C'était la dernière victime d'un écueil professionnel que nous connaissions bien. Cet employé, tout à fait capable, se laissait submerger par un vrai torrent de travail, ne savait plus par où commencer et passait d'une tâche à l'autre, s'affairait dans tous les sens, faisait beaucoup sans terminer grand-chose et perdait de vue ses objectifs.

« Ce mec… » J'aurais presque pu voir les mots sortir de ma bouche, mais je ravalai cette phrase que ma collègue n'aurait sans doute pas comprise. « Ce mec a besoin d'aller faire son examen. » Je faillis éclater de rire. Impossible de savoir d'où me venait cette idée, dans la mesure où cette discipline m'était sortie de la tête depuis des années. Jusqu'à ce moment-là, je ne m'étais pas aperçu que, pendant mes promenades à Tokyo ou à Londres à l'heure du déjeuner, j'avais échafaudé ma propre version de l'examen – sans doute moins formelle que celle préconisée par le père Bergoglio ou Ignace. Elles me permettaient néanmoins de me ressourcer et de revenir au travail plus concentré. Mon expérience dans la banque d'affaires a corroboré l'observation intelligente de François de Sales : c'est précisément au moment où ma vie active s'est intensifiée qu'il m'est devenu indispensable de prendre le temps de réfléchir, bien plus qu'à l'époque, plus tranquille, de mon noviciat.

Mais il faut s'y tenir. Si vous n'en faites pas une habitude, il y aura toujours une affaire plus pressante (et finalement moins importante) qui vous empêchera de vous ressourcer. Dix minutes de tranquillité personnelle peuvent attendre ; mais pas un mémo. Les clients (ou étudiants, ou patients) ne cessent jamais de téléphoner, mais le père Bergoglio ne nous appelle pas pour nous inviter à nous recueillir. Alors nous nous transformons en hamster, pris dans la roue de sa cage : nous tournons en faisant du sur-place.

J'ai donc commencé à voir les cloches du père Bergoglio et le rassemblement de ses postulants dans la chapelle sous le regard de l'ancien banquier plutôt que sous celui de l'ancien séminariste. Et je n'arrêtais pas de repenser aux paroles du père Bergoglio, qui avaient marqué la mémoire du père Bradley : « un programme quotidien de prières, de lectures et de réflexions – et s'engager à s'y tenir, à être ponctuel… afin de comprendre ce qui nous arrive, surtout lorsqu'on a une vie trépidante. »

Contemplatif même dans l'action

Le père Bergoglio a sans doute compris que le rythme de vie est devenu si trépidant, les beuglements des médias si envahissants, les demandes d'un leadership aux « pieds crottés » si pressantes, que la dispersion menace toujours ceux qui ne se ménagent pas un havre de paix dans leur emploi du temps. Il cherchait à ancrer cette habitude chez ses séminaristes de façon qu'elle survive après leur départ du séminaire, quand ils commenceront à assumer la pleine responsabilité de leur emploi du temps.

En cela, le père Bergoglio était tout à fait en phase avec Ignace de Loyola, qui envisageait les jésuites immergés « dans » le monde mais pas tout à fait « de » ce monde. Pour les aider à s'y plonger, Ignace expliqua que les jésuites auraient les compétences et les dispositions, bref auraient « assez avancé dans la voie du Christ notre Seigneur pour pouvoir y courir »[107]. Courir, et non marcher, dit-il. Il les exhorte à vivre « avec le pied levé », toujours prêts à saisir la moindre opportunité, toujours prêts à partir. Il a bâti la Compagnie de Jésus en tenant compte de l'objectif militant qu'il avait fixé. Aussi a-t-il libéré les jésuites des nombreuses règles contraignantes des ordres religieux de la fin du Moyen Âge, y compris des prières collectives qui ponctuaient les journées ; un choix qui, à l'époque, pouvait susciter la controverse. Mais Ignace devina aussi qu'un jésuite « avec le pied levé » risquait d'être rapidement déraciné s'il ne se soumettait pas à une rigoureuse discipline de vie. À force de courir, on peut facilement finir par faire du sur-place – la course a du bon quand le sur-place peut rendre agité et confus.

Voilà pourquoi sa méthode de prière et de recueillement personnel, cette pause de l'esprit – qu'il appelait examen –, est tout aussi essentielle et non négociable que sa conception militante de l'ordre.

Quand ça fonctionne, l'action et la réflexion se renforcent mutuellement, en symbiose, comme dans un cercle vertueux. En effet, dans le meilleur des cas, on en arrive presque à ne plus pouvoir distinguer le travail de la prière. Il y a plusieurs années, dans un entretien entre le père Bergoglio et son ami le rabbin d'Argentine Abraham Skorka paru sous le titre *Sobre el cielo y la tierra* (« Sur la terre comme au ciel »), le jésuite fit une déclaration à la fois étonnante et stimulante[108]. Ce chapitre, comme le précédent, a traité de la relation dynamique entre monde et esprit, réflexion et action. Le cardinal Bergoglio poussa plus loin ce rapport, affirmant qu'une action vertueuse est une prière ; et inversement, une prière qui ne serait pas suivie d'un résultat matériel se réduirait à une hypocrisie : « Un acte de justice qui se concrétise dans l'aide à son prochain est une prière. Sinon, on pèche par hypocrisie, c'est une sorte de schizophrénie de l'âme (…) Le Seigneur est mon frère et mon frère a faim. Si on ne prend pas soin de son frère, on ne peut pas en parler au Père, à Dieu[109]. »

Cette méthode d'action, renforcée par la réflexion tout au long de la journée, ponctuée par des pauses solitaires et pieuses, nous permet de devenir, pour reprendre l'image d'un des plus proches lieutenants d'Ignace de Loyola, *simul in actione contemplativus*, contemplatifs même au cœur de l'action. Mais sans elle, l'affairement perpétuel ne sera rien de plus qu'une fable racontée par un idiot, pleine de bruit et de fureur et qui ne signifie rien, pour paraphraser le Macbeth de Shakespeare.

Pas seulement pour les leaders

Ceci est valable pour la plupart d'entre nous, quelles que soient nos croyances spirituelles ou religieuses. La vie contemporaine – des parents, directeurs, enseignants ou autres – est devenue trop effrénée pour nous tous. Nous ne pouvons pas nous permettre d'être des toupies qui tournent follement sans relever la tête pour regarder où elles vont.

Chaque jour, il faut prendre le temps de mener une réflexion personnelle, et malheureusement le verbe « prendre » est tout à fait approprié ici. Cela ne se fera pas tout seul. L'occasion ne se présentera pas d'elle-même. Aucun manager ne vous demandera de poser votre téléphone et d'éteindre votre ordinateur pour réfléchir. Et nous ne pouvons pas compter sur le père Bergoglio pour faire sonner la cloche et nous appeler à la méditation deux fois par jour : il est déjà fort occupé. D'ailleurs, avec les fonctionnaires du Vatican qui passent leur journée à le solliciter ici ou là, il doit lui-même veiller à s'octroyer ses propres moments de réflexion. Heureusement, nous n'avons pas besoin de lui ou d'une cloche : n'importe quel smartphone, même le plus simple, dispose d'une alarme programmable pour nous accorder un moment d'inactivité chaque jour – baptisez-la « l'application Bergoglio » ou « l'application *simul in actione contemplativus* ».

Soyez sûrs que le pape François me poursuivrait sur la place Saint-Pierre, armé d'un bâton, si j'osais comparer les cinq minutes méditatives d'un manager dans son bureau à son examen, ses moments de prière sur son bréviaire, sa participation à la messe, ou le rosaire qu'il récite chaque jour. Il prie. Il croit – et moi aussi – qu'une étroite communion avec le Créateur survient même lorsque rien ne semble l'indiquer et même, comme le pape le confia, quand on s'assoupit.

Bien que l'objectif de la prière ne soit pas d'ordre matériel, elle n'en présente pas moins des avantages concrets. Malgré le mystère qui entoure l'oraison, ses bénéfices sont évidents. Inutile de partager les croyances religieuses du pape ou le rite de la prière pour récolter les fruits d'un silence ressourçant et quotidien.

Après tout, imaginez le pape dans sa chapelle privée vers minuit, les séminaristes argentins le rejoignant en courant après leurs études ou leurs travaux manuels, le musulman qui répond à l'appel de la prière ou le cadre supérieur qui ferme la porte de son bureau pour avoir quelques minutes de tranquillité ; ces situations se révèlent, sous bien des aspects, différentes les unes des autres. Et pourtant, sous bien d'autres, elles se ressemblent :

- Nous exprimons la gratitude inhérente à toute grande tradition humaniste ou spirituelle et savourons donc la paix et le bonheur que cela nous procure.
- Nous prenons du recul vis--vis des affaires quotidiennes qui nous assaillent et nous distraient ; nous nous rappelons que nous sommes là pour servir une grande cause et défendre certaines valeurs.
- Nous faisons le bilan des heures qui viennent de s'écouler, des personnes, problèmes et opportunités que nous avons rencontrés, des joies et des souffrances dont nous avons été témoins et nous y réfléchissons à la lumière de nos croyances humaines ou spirituelles. Nous faisons amende honorable, dans le respect de nos traditions, pour les moments où nous n'avons pas montré le meilleur de nous-mêmes.

Le moment sera alors venu de mettre le passé derrière nous, de reprendre nos activités « avec le pied levé », prêts à partir, et de profiter du seul instant qui nous est donné de vivre avec certitude : l'instant présent. Le prochain chapitre porte sur ce thème : vivre le moment présent.

Chapitre 7
Bâtir sur la pierre : vivre au présent en respectant la tradition

La fidélité est toujours un changement, un fleurissement, une croissance.

Le pape François, interview, novembre 2007

Les partisans d'un leadership plus brutal du genre : « Bottez les fesses, prenez les noms » trouveront peut-être le titre de ce chapitre un peu mièvre ; et celui du suivant, « créer le futur », pourra faire penser à un slogan. Eh bien, si cet intitulé vous paraît trop vague, méditez, je vous prie, sur quelques lettres de l'alphabet : « B » comme *blockbusters* de vidéoclubs que vous ne trouvez plus dans votre quartier, « K » comme les pellicules Kodak que vous n'achetez plus et « X » comme les appareils Xerox dont vous aviez besoin pour faire des photocopies avant que tous les dossiers ne soient digitalisés. Et « I » comme ceux qui sont assez ignorants pour imaginer que le tumulte du changement épargnera leur vie.

Si vous n'arrivez pas à concevoir les implications de la « tradition », allez voir en prison ces criminels en col blanc pour qui des valeurs comme l'intégrité, la justice ou le respect des autres ne valaient pas la peine d'être défendues.

Et « vivre au présent » ? Il vous suffit de faire le tour de vos bureaux et de compter ceux qui, parmi vos collègues, ne voient pas l'influence qu'ils pourraient avoir en cet instant précis, trop occupés à ressasser une décision structurelle ou un affront professionnel survenu la semaine dernière (ou l'année précédente). Ajoutez-y ceux qui se focalisent plus sur les opportunités qu'ils auraient aimé avoir que sur celles qui se présentent à eux ici et maintenant.

Il est difficile de trouver le juste équilibre dans le triptyque « passé, présent et futur » indissociable de tout leadership. Le problème concerne tous les secteurs, y compris celui du pape, même si cela paraît incroyable. J'ai eu la chance de travailler pour des organismes qui respectaient les valeurs qu'elles prônaient. Mais finalement, nous savions tous que ces mêmes valeurs avaient été formalisées dans des salles de réunion, sur des tableaux de conférence, par des types comme nous. Quand elles ne servaient plus nos intérêts, on les changeait. Et si nous ne les respections pas, quelles étaient les sanctions ? Eh bien, tout dépendait. Si vous étiez un « faiseur de pluie » et que les dollars pleuvaient régulièrement sur la société grâce aux nouveaux contrats que vous remportiez, on ignorait peut-être votre manque de respect vis-à-vis de vos collègues, et tant qu'il continuait à pleuvoir, vous bénéficiiez d'un passe-droit.

Le défi du pape

Il n'en va pas de même dans le « secteur » du pape ni dans les autres religions révélées. Certaines valeurs, convictions et pratiques sont considérées non seulement comme pérennes, mais comme éternelles. D'après les croyants, les textes sacrés de la Bible ne sont pas le fruit de l'imagination de romanciers mais reflètent, de façon mystérieuse, des vérités immuables.

D'où le challenge ambitieux du leadership du pape François. Les bouleversements qui ont affecté les *blockbusters*, Kodak et l'ensemble d'entre nous n'épargnent pas l'Église catholique. Il ne s'agit pas d'une opinion, mais d'un fait : elle doit s'adapter, comme toute organisation humaine, à des perturbations conjoncturelles. En effet, depuis plusieurs décennies, les papes se sont fait l'écho d'un mantra proclamant l'avènement d'une Église « nouvelle dans l'ardeur, les méthodes et les expressions[110] ».

Rares sont ceux qui qualifieraient de franc succès cet effort de revitalisation et de renouveau. Beaucoup de catholiques prétendraient que leur Église n'a pas assez changé, d'autres au contraire qu'elle est allée trop loin ou qu'elle a pris une bien mauvaise direction, et d'autres enfin jugeraient bien insolent d'oser évaluer la réussite de l'institution. Bienvenue dans l'univers du pape François et, dans une certaine mesure, dans celui des leaders, toutes professions confondues : « Plus de repos pour la tête qui porte une couronne », comme le dit Shakespeare dans *Henri IV*. Et c'est d'autant plus vrai lorsque les leaders cherchent un équilibre entre les traditions, les réalités présentes et les possibilités futures. Ce chapitre et le suivant traiteront de cette épineuse question à laquelle tout leader est confronté : comment vivre au présent, respecter les valeurs et les traditions des uns et des autres, tout en conduisant l'entreprise vers le futur. Nous verrons en quoi la tradition jésuite peut apporter des éléments de réponse, à lui comme à nous.

Vivre au présent : profitez de l'instant présent

Un jour, à la radio, j'ai entendu l'émouvante interview d'un ancien joueur du Manchester United, une équipe de foot très talentueuse qui participa à la Coupe d'Europe en 1958. Après un match nul contre une équipe de l'ex-Yougoslavie, elle se retrouva catapultée en demi-finale et rentra épuisée mais heureuse en Angleterre, un long voyage qui exigeait une escale à Munich (à l'époque, les avions à réaction n'existaient pas et l'appareil devait s'arrêter pour se ravitailler en carburant).

La météo était exécrable. Les joueurs regardaient la neige tomber, assis sur la piste. Le temps de faire le plein, l'aérodrome s'était recouvert d'une couche de neige. Les pilotes mirent les gaz mais ils interrompirent leur décollage et durent se repositionner pour un deuxième essai. Le temps se détériora au moment où ils firent vrombir les moteurs, l'avion accéléra mais il ralentit : nouvel échec. Leur troisième tentative fut plus déterminée, trop peut-être. L'appareil dérapa et sortit de la piste, traversa la clôture de sécurité, percuta une maison, fracassa un arbre et un réservoir d'essence, qui prit feu. Sur les quarante-quatre passagers présents à bord, près de la moitié périt, parmi lesquels huit jeunes footballeurs de Manchester United et trois membres du personnel d'encadrement. La mort de ces jeunes gens survint un peu plus d'une décennie après celle des 400 000 soldats britanniques tombés lors des combats de la Seconde Guerre mondiale : un grand chagrin accabla à nouveau la Grande-Bretagne qui voyait, encore une fois, disparaître une fraction de sa jeunesse.

Plusieurs dizaines d'années plus tard, au cours d'une interview radiophonique, l'un des joueurs survivants témoigna de ce qui s'était passé ce jour-là et de la mort de ses coéquipiers et amis. Si ma mémoire est bonne, il conclut en disant à peu près cela : « Et vous savez, depuis ce jour-là, je ne fais plus que ce que je veux. » Cet instant symbolisait le point d'inflexion, la charnière de l'histoire de sa vie.

J'aurais sans doute exprimé ce sentiment différemment, mais je voyais ce qu'il voulait dire. La vie est courte. Ne la gaspillez pas pour des broutilles. Ne faites rien que vous puissiez regretter un jour. Et inversement, ne ratez aucune des opportunités qui se présentent au quotidien, car elles ne se représenteront peut-être pas. L'un de mes anciens collègues à la banque d'affaires avait autrefois été entraîneur d'athlétisme ; il me confia qu'avant pratiquement chaque course, il rapprochait son visage de celui de son coureur, soutenait son regard et lui disait simplement : « Cours comme si c'était la dernière course de ta vie. »

Ces idées n'avaient rien de nouveau pour moi. Jorge Mario Bergoglio et moi connaissions déjà la chanson pour l'avoir entendue pendant notre formation jésuite, quand les supérieurs des novices conseillaient *age quod agis*, « fais ce que tu fais » ou *qui fecit nimis, fecit nihil*, autrement dit : « Celui qui veut trop en faire finit par ne rien faire. » (C'était l'idée d'un de mes compagnons, tombée en désuétude à mon époque sans doute parce que le latin posait problème à ma génération.)

Je vous accorde que la phrase *age quod agis* est bien moins inspirante que « cours comme si c'était la dernière course de ta vie » ou que la conclusion du joueur de Manchester United après avoir assisté à la mort de ses amis. À vrai dire, on nous rabâche tellement les formules du genre « profitez de l'instant présent » qu'elles ont perdu de leur impact.

Mais elles n'en demeurent pas moins fondées. Au fil des années, j'ai embauché de nombreuses personnes talentueuses qui, pour la plupart, ont rapidement gravi les échelons de la société. Certaines n'ont néanmoins jamais compris que le meilleur moyen de progresser dans la hiérarchie est d'accomplir parfaitement la tâche qu'ils ont sous le nez. Je siège aujourd'hui au conseil d'un énorme système hospitalier qui se propose d'« améliorer la santé des gens et des communautés que nous servons ». Il n'y a qu'une façon de coller à cette ambition : veiller scrupuleusement à la qualité et à la sécurité des millions d'actes exécutés chaque jour dans nos hôpitaux, et ce, de l'administration de médicaments au transfert d'un patient de son lit d'hôpital à une chaise roulante, en passant par la pratique extrêmement minutieuse d'opérations neurochirurgicales.

Nous voulons aller plus loin que les maximes et tenter de déterrer les piliers de la spiritualité du leadership, de révéler un ensemble d'engagements assez forts pour préserver et orienter une vie tout en lui donnant du sens. Et les idées que nous avons développées ci-dessus semblent tenir une place importante dans les convictions du pape François. Il travailla dur pour les transmettre aux séminaristes dont il s'occupait. Le père Tomás Bradley mentionna une demi-douzaine de préceptes que le père Bergoglio mettait souvent en exergue, dont celui-ci : « Consacrez-vous à ce que vous faites et faites-le bien. » C'était son interprétation du *age quod agis.*

Bradley se rappela que le recteur insistait sur l'« excellence dans les études », exigeait des heures de révision chaque jour et répétait que « nous risquions de trop nous éparpiller ». Le père James Kelly, un jésuite irlandais qui enseignait au séminaire à cette époque-là, me confia qu'il était parfois surpris de constater combien Bergoglio était apprécié des séminaristes. Pourquoi ? lui demandai-je. « Eh bien, me répondit Kelly, il en demandait énormément. Il les poussait beaucoup dans leurs études. » Peut-être que, comme ces athlètes s'élançant dans une course comme si c'était la dernière, les séminaristes aimaient porter une attention disciplinée à la tâche qui leur incombait. Le père Bergoglio « faisait ce qu'il disait » et cueillait l'instant présent. Dans la série d'interviews parues plus tard sous le titre *El Jesuita*, celui qui n'était encore que le cardinal Bergoglio relata un après-midi particulier : il devait encadrer une retraite dans un couvent à l'extérieur de Buenos Aires[111]. Il avait un train à prendre et avait pris un peu de retard ; il s'arrangea néanmoins pour se ménager un instant de prière à la cathédrale de Buenos Aires. Au moment où il se leva pour partir, un jeune homme qui semblait désorienté, sous l'effet de médicaments ou de l'alcool, s'approcha pour demander à l'évêque Bergoglio de le confesser. Très pressé par le temps, il s'esquiva en s'excusant, lui assurant qu'un prêtre ne tarderait pas à arriver, prit congé et s'en alla précipitamment.

« Mais sur le chemin, se souvint le cardinal, je me sentis terriblement honteux. Je suis retourné à la cathédrale et lui ait dit : “le prêtre va avoir du retard. J'entendrai votre confession[112]”. » Ensuite, il s'attarda un peu, l'accompagna devant l'autel d'une chapelle latérale où ils prièrent côte à côte pour le bien-être du jeune homme. Finalement, Bergoglio rejoignit la gare, en se répétant sans doute les excuses qu'il présenterait aux religieuses pour son arrivée tardive qui allait bouleverser leur programme. Sauf qu'il ne rata pas son train ! Celui-ci avait lui aussi du retard, assez pour lui permettre de sauter dans une rame. À croire que Dieu avait retenu le convoi suffisamment longtemps pour que Bergoglio entende la confession et arrive quand même à l'heure au couvent. Ni lui ni moi, j'en suis certain, n'imaginons que Dieu ait pu contrarier des centaines d'autres voyageurs pour que l'évêque puisse attraper son train.

Toutefois, cette expérience le perturba beaucoup. Dès son retour à Buenos Aires, il se rendit chez son confesseur : « Si je ne peux pas me confesser, je ne serai pas capable de célébrer la messe demain », expliqua-t-il, tant cet incident pesait sur sa conscience. « Je jouais les “Tarzan”. » La gestion de son emploi du temps l'absorbait trop, entre la paperasserie, la préparation des sermons pour les messes, les retraites, sans compter les multiples autres obligations qui incombent à un évêque important. « C'est un peu comme si je disais : “Regardez comme je me débrouille bien, toutes ces grandes choses que j'arrive à faire.” Mon comportement tenait de l'orgueil[113]. » En un sens, il était tellement aveuglé par sa suffisance et son impressionnante liste d'impératifs qu'il ne pouvait pas reconnaître un jeune homme dans le besoin.

Les journalistes ont pioché de nombreuses anecdotes dans les interviews d'*El Jesuita*, mais ils n'ont encore jamais cité celle-ci : de leur point de vue, rien d'extraordinaire ne s'était passé. Et pourtant, cette histoire cristallise une compétence importante pour n'importe quel leader : quand et comment saisir pleinement l'opportunité qui se présente à nous.

Appelez ça « le mysticisme de l'instant présent » ou, pour les non-religieux, « l'effet "on ne sait jamais" ». L'une de mes relations a pris sa retraite après avoir été longtemps partenaire de l'un des plus grands cabinets comptables du monde. Quelques années après avoir quitté la société, il se promenait dans une rue de Manhattan quand un type en costume d'une trentaine d'années l'accosta : « Ken ! Je suis tellement content de tomber sur vous ! Pas un mois ne passe sans que je repense à la réunion que nous avons eue avec la compagnie Une telle. La manière dont vous avez géré la situation quand ils nous ont demandé d'effectuer un traitement comptable qui vous déplaisait, et tout ce que vous m'avez dit ensuite sur l'intégrité... Ça a façonné l'homme que je suis devenu, vous savez, et j'étais désolé de ne pas avoir eu l'occasion de vous en remercier... Eh bien, c'est chose faite. » Ken eut un petit rire avant de m'avouer : « Et tu sais quoi, Chris ? Je ne me souvenais pas de ce mec, ni même de la réunion dont il parlait ! »

On ne sait jamais. On ne sait jamais si « faire son boulot » ou si une simple conversation entre amis peut devenir crucial dans la vie de quelqu'un. Combien de parents ont découvert que c'était dans des circonstances imprévues qu'ils avaient eu les discussions les plus importantes avec leurs enfants, par exemple en les accompagnant à l'école : s'ils n'avaient pas été à l'écoute à ce moment-là, alors qu'ils attendaient que le feu passe au vert, leurs mômes n'auraient peut-être jamais retenu ces bribes de conversation. De même que l'évêque occupé comprit qu'il valait mieux confesser le jeune homme perturbé que de cocher rapidement la tâche suivante sur sa liste de choses à faire. En fin de compte, la seule opportunité que vous êtes sûr d'avoir se trouve juste sous votre nez, ici et maintenant. Ce qui, pour vous, n'est que routine ou anodin, peut être vital pour quelqu'un d'autre.

Une autre anecdote du père Bergoglio au confessionnal l'illustre très bien. Dans *El Jesuita*, il révéla qu'il demandait toujours aux jeunes parents qui venaient se confesser : « Est-ce que vous jouez avec vos enfants[114] ? » Est-ce que vous jouez avec vos enfants !? Cette question simple et profonde m'a ému. Nous sommes nombreux à chercher un emploi bien rémunéré pour pouvoir donner ce qu'il y a de mieux à nos enfants chéris ; et pourtant, nous en subissons les effets pervers. Nous ne les voyons plus assez souvent. Nous sommes trop distraits ou fatigués pour nous consacrer à eux, les écouter raconter ce qui s'est passé dans leur classe le jour même, jouer avec eux pour la énième fois à ce jeu idiot, ou nous investir dans les milliers d'autres interactions qui illustrent parfaitement le mysticisme de l'instant présent.

Le père Bergoglio semble avoir vécu dans le présent en réglant les problèmes au jour le jour (comme confesser un jeune homme troublé). Mais cela participe aussi d'une philosophie plus globale. Il rejoignit la Compagnie de Jésus, entre autres raisons, pour devenir missionnaire et partir au Japon. Mais cela lui fut refusé, car son état de santé s'était dégradé suite à une maladie respiratoire contractée des années plus tôt. Il se trouva confronté à un choix fondamental : passer le reste de sa vie à ressasser le veto qui lui avait été signifié ou accepter toutes les missions qui se présenteraient à partir de ce jour. Cela n'incluait pas, ironiquement, celle de devenir pape. Quand il termina bon deuxième au scrutin papal de 2005, n'importe lequel d'entre nous aurait su lui dire quoi faire : se préparer pour la prochaine élection. Chercher à élargir ses appuis auprès des cardinaux, obtenir un poste influent à Rome et être aux petits soins pour les « leaders d'opinion », spécialistes de la promotion discrète des arrivistes qui cherchent à camoufler leur ambition inconvenante.

Au lieu de cela, après le conclave qui élut le pape Benoît, le cardinal Bergoglio s'empressa de rentrer à Buenos Aires. Difficile d'être plus loin de Rome. Il accorda quelques interviews. Il consacra une part excessive de son temps aux pauvres qui, vous l'avez sans doute remarqué, ne participent pas au scrutin papal. Au lieu de se projeter dans l'avenir, il se concentra sur les tâches qui se présentaient à lui, incarnant le conseil de l'*Ecclésiaste* : « Tout ce que ta main trouve à faire avec ta force, fais-le » (Ecclésiaste 9.10).

La dernière fonction que le père Bergoglio occupa avant d'être nommé évêque fut celle de père spirituel et confesseur des jésuites de Cordoba. Même les commentateurs qui se prétendent catholiques suspectèrent dans cette affectation des magouilles politiques d'arrière-boutique. On n'avait pas attribué de poste influent au père Bergoglio, ce qui devait signifier que ses frères jésuites l'avaient écarté, puni, en lui confiant la simple charge de directeur spirituel. Les auteurs de *From the End of the Earth to Rome*, également journalistes au *Wall Street Journal*, s'empressèrent de qualifier cette période de « revers dans son ascension au pouvoir ecclésiastique[115] ».

Abandonnons cette interprétation politique et cherchons à mieux comprendre cet épisode en nous référant à la conception de l'un des ancêtres jésuites du pape François. Jean-Pierre Caussade consacra la majeure partie de sa vie religieuse à travailler, comme le fit le père Bergoglio du temps de ses prétendues années d'« infortune » ; Caussade était le directeur spirituel et le confesseur d'un couvent. Il mourut sans avoir jamais « grimpé les échelons du pouvoir ecclésiastique ». Les notes spirituelles et les instructions qu'il a laissées aux religieuses, archivées et précieusement conservées pendant des générations, ont été publiées cent dix ans après sa mort. (Aspirants auteurs, ne vous découragez donc pas.) À mon avis, seuls les passionnés d'Histoire seraient en mesure de citer les évêques français qui ont progressé dans la hiérarchie ecclésiastique pendant les années 1740. Pourtant, des milliers de personnes méditent chaque année sur le célèbre ouvrage de Caussade intitulé *L'Abandon à la Providence divine*, aussi connu sous le titre plus explicite du *Sacrement du moment présent*. Le pape François fait peut-être partie de ceux qui se sont enrichis à la lecture de son compagnon jésuite, Caussade. Mais il est aussi possible que tous deux aient tiré leur mysticisme de l'instant du même principe jésuite, appris pendant leur formation : « Fais ce que tu fais ». Caussade le formula ainsi : « Il n'y a aucun moment où Dieu ne se présente sous l'apparence de quelque peine, de quelque obligation ou de quelque devoir[116]. » Ou, autrement dit : « Quel est le secret pour trouver ce Trésor ? Il n'y en a pas. Ce Trésor est partout. Il s'offre à nous en tout temps, et en tout lieu. Toutes les créatures, amies et ennemies, y puisent à pleines mains. Il suffit de nous servir des moyens que Dieu met à notre portée. Nous ne pourrions pas en trouver de plus miraculeux et de plus faciles de devenir bons ; accepter du fond du cœur tout ce qui vient à nous à chaque moment de notre vie[117]. »

Les leaders performants, croyants ou non, s'investissent dans le mysticisme de l'instant présent. L'opportunité d'hier est passée ; demain, il ne s'en présentera peut-être pas d'autre ; celle d'aujourd'hui n'attend que moi.

Respecter la tradition : défendre des valeurs

Si seulement c'était aussi simple de vivre au présent.

Puisons un exemple dans le ridicule avant de réfléchir au sublime. À l'époque où j'étais encore un jeune banquier d'affaires talentueux, j'eus souvent l'opportunité de cueillir l'instant présent le vendredi soir, après plusieurs verres dans un bar de Wall Street ou de Roppongi, à Tokyo.

C'étaient des occasions de vivre au présent, bien sûr, mais aussi de montrer ce en quoi je croyais, la façon dont, d'après moi, les êtres humains devaient se conduire les uns envers les autres.

Cette dynamique affleurait dans les paragraphes précédents. Nous serons consternés si le pape se révèle être un hypocrite carriériste, car nous avons la conviction que l'intégrité vaut la peine d'être défendue.

Et la question qu'il posait dans le confessionnal aux parents qui travaillaient – est-ce que vous jouez avec vos enfants ? – met justement l'accent sur une valeur encore plus fondamentale : nous devons aimer nos enfants et faire passer leurs intérêts et leurs besoins avant les nôtres.

En bref, le moment présent ne peut jamais être complètement séparé du passé. Mon comportement actuel représente l'affirmation ou le rejet de ce que mes prédécesseurs m'ont transmis : mes valeurs, ma culture, la pratique de ma tradition spirituelle, ma communauté ou mon pays.

J'ai lu une interview de William Dalrymple, un auteur écossais plusieurs fois primé pour ses ouvrages, notamment *Return of a King: The Battle for Afghanistan 1839-42*. Ce livre lui valut une invitation à la Maison-Blanche pour briefer les conseillers en affaires étrangères qui souhaitaient en savoir plus sur le passé de l'Afghanistan – les États-Unis fournissant des efforts bien discutables pour façonner le futur de ce pays depuis plus d'une décennie[118]. Voici comment il résuma l'expérience : « J'ai eu l'impression d'intervenir dans le colloque d'une université prestigieuse, devant des gamins de Harvard super exigeants. Leurs connaissances étaient remarquables sur des points politiques ou d'actualité, mais très minces sur les plans culturel et historique[119]. » Que cette description soit tout à fait honnête ou pas, elle illustre parfaitement l'orgueil démesuré qui afflige notre époque. Comme le capitaine Achab, dans *Moby Dick*, proclame avec arrogance « Ce que j'ai osé, je l'ai voulu, et ce que j'ai voulu, je le ferai », nous nous prenons parfois pour des cadors de l'Histoire, de la nature, de la culture. Nous ne vivons pas vraiment au présent ; nous abordons l'instant comme si les événements passés n'avaient aucune importance. Nous nous libérons des chaînes de croyances religieuses démodées ou des coutumes désuètes de nos grands-parents ; nous tenons à juger de ce qui est bien ou mal en fonction de nos propres critères. Captivés par les progrès technologiques enchanteurs, nous détestons tout ce qui pourrait les freiner ; nous ne supportons pas de nous entendre dire, au nom de principes religieux ou éthiques, qu'il faut par exemple arrêter et envisager les implications morales des expériences de restructuration génétique de nos corps, ou de la fabrication de bébés sur mesure, ou encore de l'invention de nouvelles espèces « chimériques ». Mais où irons-nous à force de ne vivre qu'au présent ? Nous perdrons en liberté et partirons parfois à la dérive, à la merci d'un courant ; du moins, c'est ce qu'exposa le pape François dans l'un de ses sermons à ses frères chrétiens : « Un chrétien sans mémoire n'est pas un vrai chrétien (…) Il ou elle est prisonnier(ère) de la contingence, ou du moment. C'est un homme ou une femme qui n'a pas d'histoire[120]. »

Dans ces cas-là, comme il le dit dans une autre homélie, nous « enchaînons les expériences sans réfléchir ou suivons les modes du moment (…) nous sommes séduits par l'éphémère[121]. »

Et si l'impulsion de l'instant présent gouverne toutes nos décisions et nos créations, alors : « Que se passe-t-il ? Il arrive ce qui arrive aux enfants sur la plage quand ils font des châteaux de sable, tout s'écroule, c'est sans consistance[122]. »

Le pape, s'astreignant à saisir toutes les opportunités de l'instant, comprend qu'un leader ne peut s'investir efficacement dans le présent sans toute une série de valeurs pour l'aider à distinguer une occasion significative, utile, morale ou juste d'une autre. Le pape fit demi-tour pour conseiller ce jeune homme, uniquement poussé par quelque sens profond du bien et du mal, se remémorant les valeurs qu'il représentait en tant que chrétien, mais aussi en tant qu'individu.

À l'époque où il était l'archevêque de Buenos Aires, Bergoglio a dû ordonner au moins deux cents diacres au fil des années. Tandis qu'ils s'agenouillaient les uns après les autres devant lui, l'archevêque Bergoglio leur récitait une simple prière en leur remettant l'Évangile : « Recevez l'Évangile du Christ, que vous avez mission d'annoncer. Soyez attentif à croire à la parole que vous lirez, à enseigner ce que vous avez cru, à vivre ce que vous aurez enseigné[123]. » Cette prière, récitée plus d'une centaine de fois, le rappelait à son propre engagement à honorer sa tradition, ses vérités et ses valeurs, et ce en toutes circonstances.

Croire, enseigner, vivre. Des mots forts qui s'adressent aux prêtres, mais pourraient tout autant concerner les leaders, quels que soient leurs parcours ou leurs convictions religieuses. Croyez en quelque chose, ne soyez pas des « leaders girouettes » qui tournent dans un sens ou dans l'autre, au gré des vents politiques ou du dernier qui a parlé. Les girouettes nous incitent rarement à les suivre, pour la simple et bonne raison qu'elles ne nous mènent nulle part. Les leaders qui croient, enseignent et vivent sont plus convaincants, parce qu'ils représentent quelque chose. Un jésuite qui enseignait au séminaire à l'époque où le père Bergoglio le dirigeait me confia : « Je n'approuvais pas toujours sa façon de faire mais je l'admirais. Il avait sa propre vision des choses et il s'y tenait. » Il la personnifiait.

« Croire, enseigner, vivre » est un mantra plus facile à répéter qu'à appliquer. Oui, les ondes sont peut-être saturées de voix libérales ou conservatrices clamant haut et fort leurs certitudes, trop souvent sur des réseaux destinés à des publics qui partagent les mêmes idées ; ces voix ne font pas dans la pédagogie mais dans la démagogie, et leurs propriétaires touchent ensuite des bénéfices conséquents sur la vente de leurs livres ou de leurs conférences.

Pourtant, les leaders se battent pour leurs idées au quotidien et perdent souvent plus qu'ils ne gagnent. Ils sont tiraillés par des dilemmes complexes, dont les réponses sont inintelligibles. Face à ce genre de situations, ils pensent : « Je pourrais bien faire si seulement on me disait comment. » Les leaders du monde bien réel doivent trouver le courage d'agir même s'ils ne savent pas s'ils sont dans le vrai, prendre la parole quand les autres se contentent de se taire ou poursuivre leurs actions seuls, et maintenir le cap malgré leur entourage qui les tire d'un côté ou de l'autre.

Au cours de ma carrière dans la banque, quelques-uns de mes collègues et moi nous sommes réunis plus d'une fois pour prendre position dans des opportunités d'affaires qui soulevaient un dilemme moral. Non pas un dilemme d'amateur, du genre « C'est peut-être illégal mais personne n'en saura rien. Doit-on quand même le faire ? » Certainement pas. Inutile de perdre du temps à ergoter sur une décision manichéenne. Au contraire, il nous arrivait de nous torturer sur des choix compliqués comme la sous-traitance à l'étranger et nos obligations évidentes envers nos employés, nos actionnaires, nos municipalités et les autorités fiscales, un vrai tourbillon de situations conflictuelles. C'est dans ces moments-là que nous pesions le poids des emplois perdus ici contre celui de ceux créés ailleurs, que nous débattions de ce que supposaient « des conditions de travail décentes » dans la réalité et pas dans l'abstrait.

Après avoir discuté des problèmes et alors que nous nous sentions à l'aise avec telle ou telle opération envisagée, il y en avait souvent un qui se penchait en arrière en disant : « J'hésite encore sur ce coup-là, vous savez. » Deux ou trois d'entre nous, visiblement soulagés, s'empressaient d'approuver ses réticences. Chacun de nous avait déduit – en voyant la tournure que prenait la conversation et l'air confiant de nos estimés collègues – que nous étions les seuls à avoir des scrupules, aussi n'avions-nous rien dit.

Jusqu'à ce qu'une personne soit assez courageuse pour prendre la parole. J'ai souvent repensé à ces moments-là depuis. J'étais toujours le nanti en matière d'éthique – après tout, j'avais un master de philosophie quand les autres n'avaient dû suivre qu'un simple cours d'éthique dans leur école de commerce. Mais il ne m'arrivait pas souvent d'intervenir le premier dans ces réunions. Avec quelque regret, je reconnus que mes diplômes ne faisaient pas de moi le plus courageux moralement.

Qu'est-ce qui rend les leaders moralement courageux ?

J'aimerais avoir la réponse définitive. Mais l'expérience m'a appris que les plus braves sont souvent ceux qui ont été malmenés, voire humiliés, par les pires épreuves de la vie. Ils ont connu l'angoisse et la souffrance de découvrir que la réalité se révèle bien plus trouble qu'un texte clair, écrit noir sur blanc dans des ouvrages d'éthique. Vivre dans la torture de l'ambiguïté les a aidés à prendre leurs marques dans l'existence, les a rendus plus aptes à faire la différence entre la terre ferme et les pentes dangereuses. Et comme ils avaient des bases plus solides, nous suivions leurs avis, plus confiants. Warren Bennis, spécialiste du leadership, l'a tourné ainsi : « L'un des indicateurs et détecteurs les plus fiables en matière de vrai leadership réside dans l'aptitude individuelle (…) à tirer des leçons des épreuves les plus difficiles. Autrement dit, les compétences requises pour vaincre l'adversité et en sortir plus fort, plus impliqué que jamais sont justement celles qui font les grands leaders[124]. »

J'ai revisité ma vie et celle du pape François à l'aune de cette phrase. L'année de mes quarante ans, j'habitais à l'étranger, mon troisième pays en quatre ans. J'avais aidé Morgan à créer de nouveaux bureaux outre-mer, géré la suppression de centaines d'emplois sur deux continents, et ouvert ma société à toute une gamme d'activités nouvelles. À ceux d'entre nous qui l'ont vécu, cela a pu paraître redoutable, mais soyons francs, nous n'étions pas des officiers de cavalerie, frais émoulus de West Point, menant de jeunes soldats terrifiés vers une mort quasi certaine à la bataille de Gettysburg. Dans l'ensemble, nous étions des expatriés bien payés et choyés qui habitaient les beaux quartiers ; nous comprenions les challenges pour lesquels nous avions signé et nous disposions de toutes les ressources techniques ou consultatives que l'argent pouvait offrir.

D'un autre côté, je pense à l'année où le pape François a fêté ses quarante ans. En tant que provincial des jésuites d'Argentine, il n'était encore qu'à mi-mandat. Auparavant, il n'avait occupé qu'un seul poste important en interne, celui de directeur du noviciat jésuite. J'ignore s'il avait imaginé les responsabilités d'un provincial : sans doute s'attendait-il à nommer ou muter des jésuites dans des écoles ou des paroisses et à prendre, de temps en temps, ce qui paraissait une décision capitale, comme l'ouverture ou la fermeture d'une école. Mais les leaders ne choisissent pas les circonstances dans lesquelles ils vont devoir diriger. Qu'importe ce qu'il avait imaginé ou la formation qu'il avait suivie, le père Bergoglio n'était pas vraiment préparé à affronter ce à quoi il fut confronté cette année-là.

Deux de ses subordonnés jésuites, Franz Jalics et Orlando Yorio, témoins de « l'option préférentielle pour les pauvres » de l'Église catholique, habitaient et exerçaient leur ministère à Bajo Flores, un bidonville de Buenos Aires[125].

Quand la situation politique devint dangereusement instable en Argentine, le père Bergoglio, soucieux de leur sécurité, leur demanda de partir. Ils protestèrent. Bergoglio et les deux hommes furent incapables de démêler l'imbroglio de valeurs et de priorités à privilégier : être au service des pauvres, rester fidèle à sa conscience, obéir à son ordre religieux, se montrer loyal envers ses subordonnés, pour n'en citer que quelques-unes. Le père Bergoglio les plaça donc face à un choix que lui et tous les jésuites auraient trouvé aussi douloureux que draconien : soit on fermait la communauté de Bajo Flores, soit on les transférait de l'ordre jésuite à n'importe quel évêché susceptible de financer leur ministère. Mais avant que le problème ne soit complètement résolu, la situation devint infiniment plus compliquée ; en mai 1976, les deux jésuites furent kidnappés par une unité militaire chargée de rassembler les opposants suspects[126].

Des semaines s'écoulèrent sans qu'on sût ce qui était arrivé aux deux jésuites. Tandis que les atrocités commises à l'encontre des prêtres non jésuites se succédaient et secouaient l'Argentine, les enjeux devinrent très clairs pour le père Bergoglio. Un matin, des paroissiens qui allaient à la messe à l'église Saint-Patrick trouvèrent les corps criblés de balles de trois prêtres de la paroisse et de deux séminaristes en pyjama, baignant dans une mare de sang ; un escadron militaire de la mort laissa un message revendiquant le massacre en représailles de l'attaque à la bombe de guérilleros dans laquelle vingt officiers de police avaient péri. En juillet, on retrouva le corps d'un franciscain, Carlos de Dios Murias[127], dans un champ, les yeux crevés et les mains coupées ; l'un de ses frères religieux gisait sans vie à ses côtés. Peu après, leur évêque, Enrique Angelelli, fut assassiné – on prétendit qu'il aurait perdu le contrôle de sa voiture[128]. Il avait été un farouche défenseur – trop farouche, sans doute – des pauvres de son diocèse, La Rioja. Sur près de vingt assassinats de prêtres au total, neuf furent commis en 1976. Des dizaines de laïques travaillant pour le clergé furent kidnappés ou tués au cours de ce qu'on a appelé la « Guerre sale » d'Argentine : cette répression de la junte militaire visait des communistes ou supposés tels et des guérilleros gauchistes pendant la vague d'instabilité croissante qui secoua le pays au début des années 1970. Un voile d'incertitude et de peur s'abattit sur le pays. Les intrigues de la Guerre sale furent si sordides et si obscures que le montant des pertes humaines varie encore beaucoup aujourd'hui : on estime entre 10 000 et 30 000 le nombre d'Argentins qui furent kidnappés, séquestrés, torturés, assassinés ou « disparus » du fait des forces militaires et paramilitaires[129].

Les prêtres, les religieux et leurs frères laïques qui travaillaient avec et pour les pauvres, comme l'évêque Angelelli et les deux jésuites, étaient systématiquement soupçonnés, qu'ils aient été connus ou non comme sympathisants révolutionnaires. Aucune preuve n'a attesté l'implication des deux jésuites dans les mouvements guérilleros ou dans de quelconques actes de violence ; leur seul crime ? Avoir vécu parmi les pauvres à un mauvais moment de l'Histoire.

Environ cinq mois après leur enlèvement, les deux jésuites furent balancés – probablement d'un hélicoptère – vivants mais battus et drogués dans un terrain marécageux de la banlieue de Buenos Aires. Le père Bergoglio fit savoir plus tard que, pendant leur captivité, il avait convaincu un aumônier de le laisser dire la messe à sa place pour pouvoir approcher le chef de la junte, le général Jorge Videla, et tenter d'intercéder pour la sécurité et la libération de ces deux jésuites. Nul ne saurait dire si son intervention joua un rôle important pour leur sûreté, s'il fit tout ce qu'il put durant la période de leur captivité, s'il aurait dû interrompre autrement leur ministère dans les bidonvilles, ou le soutenir, ou s'il aurait mieux valu qu'il fasse une déclaration publique.

Rétrospectivement, il est facile de répondre à toutes ces questions hypothétiques, confortablement assis derrière son ordinateur ou lors d'une émission-débat. Mais les dirigeants doivent prendre leurs décisions sur le moment, gérer au mieux l'incertitude et la confusion quotidiennes ; puis, de retour chez eux, ils se tournent et se retournent dans leur lit en se demandant s'ils ont fait les bons choix. Mais bien qu'ils hésitent parfois sur la marche à suivre, ils restent pénétrés de leurs responsabilités de leaders, comme le prouve la lettre de Bergoglio au frère du père Jalics : « J'ai pris de nombreuses initiatives pour obtenir la libération de votre frère. Jusqu'ici, elles n'ont rien donné, mais je garde l'espoir qu'il soit bientôt libéré. Je l'ai décidé : cette affaire est ma mission (…) Les divergences que votre frère et moi avons eues à propos de la vie religieuse n'ont rien à voir avec la situation actuelle. Je considère le père Jalics comme mon frère[130]. »

Voilà ce dont nous sommes certains : trop d'Argentins ont souffert, surtout ceux qui perdirent leur vie ou leurs enfants, qui furent kidnappés, torturés ou calomniés comme les pères Jalics et Yorio. Et ceux qui, comme le père Bergoglio, furent accablés sous le poids de leur autorité dans une société déchirée, une Église divisée, et passèrent une épreuve de leadership à laquelle aucun cours d'éthique ou de catéchisme ne les avait préparés.

Dans le climat de plus en plus polarisé qui caractérise les débats politiques et religieux d'aujourd'hui, « défendre des valeurs » revient souvent à rejoindre et à relayer les idées d'un parti, d'une idéologie, d'un clan ou d'une faction. Dans une interview datant de 2007, le cardinal Bergoglio exprima ses inquiétudes : « Nos certitudes peuvent devenir un mur, une prison qui enferme l'Esprit Saint. » Ses positions dénoncent ceux qui cherchent à classer les leaders dans de petites boîtes idéologiques. Qui est-il ? Le supérieur jésuite traditionaliste qui a muté les pères Jalics et Yorio de leurs bidonvilles vers une autre communauté jésuite ? Ou est-ce le cardinal progressiste désormais connu sous le nom de *papa villero*, le pape des bidonvilles, qui a envoyé une vingtaine de prêtres de Buenos Aires travailler dans les *villas miserias*, les « villages de la misère » ? Ou encore le père Bergoglio, qui imposa à ses séminaristes des règles de vie et des horaires vestiges d'une époque révolue ? Ou s'agit-il du pape François qui se dispensa lui-même des fioritures traditionnelles comme les mules rouges, le trône papal ou la mosette bordée de fourrure ?

Le père Bergoglio, qui a exprimé ses réserves à l'égard des activistes gauchistes durant la Guerre sale, a également pris des risques personnels en abritant des militants gauchistes dans sa communauté jésuite, en donnant une soutane et ses propres papiers d'identité à l'un d'entre eux, qui lui ressemblait vaguement, permettant ainsi sa fuite au Brésil[131].

Parmi ceux qui ont acclamé les initiatives charitables du père Bergoglio pour aider les pauvres, beaucoup se sont abstenus d'applaudir ses allocutions qui dénonçaient les effets machiavéliques de la cupidité ou qui exprimaient son scepticisme à l'égard d'un système financier fragile pouvant générer tant de richesses et laisser tant de gens dans la misère. Le regretté archevêque brésilien Dom Hélder Câmara, qui rencontra le même type de réactions équivoques après son propre plaidoyer pour les pauvres, les résuma en disant : « Quand je donne de la nourriture aux pauvres, je suis un saint. Quand je demande pourquoi les pauvres n'ont pas de quoi manger, on me traite de communiste. »

Du point de vue des gens retranchés dans tel ou tel camp idéologique, le pape François semble rallier les progressistes puis les traditionalistes, défendant un coup les uns, un coup les autres. Mais Michael Gerson, qui écrivit les discours de George W. Bush et tient désormais une chronique d'opinion dans le *Washington Post*, a raison : « [Les] médias s'échinent à trouver et à coller une étiquette idéologique simple [au pape François]. À certains moments, il fait penser à un gauchiste d'Amérique latine, appelant à la "justice sociale" et dénonçant le "profit égoïste". À d'autres, il est crânement réactionnaire en matière de sexualité. » Mais en réalité, et Gerson l'a compris, le pape essaie de nous amener à une conception qui « transcende nos débats idéologiques et les remet totalement en question »[132].

Oui, c'est tout à fait ça : « transcender nos débats idéologiques ». Il ne faut pas se contenter de défendre des platitudes ou un argumentaire simpliste. Le pape François tente, comme le font les vrais leaders, de fédérer l'Église en nous mettant tous au défi de prendre du recul, de revisiter notre mémoire, notre histoire, nos valeurs avec un regard neuf. De cette façon, nous pourrons comprendre l'impact de nos traditions sur nos actions présentes, que ce soit dans les bidonvilles de Buenos Aires, nos propres communautés, nos salles de conseil, ou dans l'Église catholique.

Dans ce contexte, le pape François suit seulement sa tradition et la source de celle-ci, ce Jésus qui, on le dit parfois, est venu consoler les affligés et affliger les nantis.

Et maintenant, le futur

Le présent ne peut être séparé du passé, et le passé porte toujours les germes du futur. Quelques années avant le conclave qui l'élut pape, le cardinal Bergoglio fit remarquer dans une interview que la fidélité sincère à une tradition vivante nous conduit paradoxalement au changement : « *Si l'on est fidèle, on change justement. On ne reste pas fidèle, comme les traditionalistes ou les fondamentalistes, à la lettre. La fidélité est toujours un changement, un fleurissement, une croissance.* » En respect de sa tradition catholique, il ajouta plus loin que : « *Le Seigneur opère un changement en celui qui lui est fidèle. C'est la doctrine catholique* »[133].

Comme si ce n'était déjà pas assez compliqué de vivre au présent en respectant ses traditions, les dirigeants doivent, par-dessus tout, s'engager à donner un futur à leurs entreprises et à leurs communautés. Voici comment le pape François décrivit cette délicate interaction entre passé, présent et avenir, que tout leader se doit de mesurer : « Garder le souvenir de nos racines, être courageux face à l'inconnu, saisir la réalité du moment[134]. » Le pape François, lui, échouera lamentablement s'il se contente d'embrasser le présent et de préserver la tradition, comme si c'était une œuvre d'art dans un musée.

Le changement est donc impératif ; impératif pour l'Église catholique, parce que la tendance actuelle n'est pas viable. Examinons par exemple les données du Pew Forum sur la baisse vertigineuse de la fidélité à l'Église aux États-Unis, pays qui compte le tiers des catholiques du monde : « Le pourcentage de catholiques qui se disent très fidèles à l'Église catholique romaine n'a jamais été plus bas qu'en 2012 (…) (27 %) des catholiques américains se qualifiaient l'an dernier de catholiques "fervents", soit 15 % de moins que dans les années 1980[135]. »

Et réfléchissons à l'évaluation réalisée en 2005 par le cardinal Cláudio Humme à propos de la baisse du nombre de fidèles dans son pays d'origine, le Brésil, nation catholique la plus importante du monde : « En 1991, on comptait 83 % de Brésiliens catholiques ; aujourd'hui on en dénombre à peine 67 %. Inquiets, nous nous interrogeons : combien de temps le Brésil restera-t-il un pays catholique[136] ? » Ces déclins – qui s'accentuent – ont secoué les pays développés les uns après les autres, la pénurie de prêtres gangrène le catholicisme presque partout et le scandale des abus sexuels a porté atteinte à l'autorité morale de l'Église dans bien des régions du monde.

On n'inversera pas ces tendances inquiétantes en faisant « la même chose ». Souvenez-vous du constat amusant d'Einstein : « La folie, c'est de faire toujours la même chose et de s'attendre à un résultat différent. »

L'état dans lequel se trouve l'Église catholique aujourd'hui impose un changement. D'autant plus qu'elle doit fonctionner dans un monde en mutation permanente. Dit plus grossièrement, il faut que le pape François rééquipe le véhicule de l'Église catholique. Et ceci, alors que ce véhicule s'engage sur un terrain inexploré, que la technologie poursuit sa marche en avant, que les découvertes se succèdent à toute allure aussi bien dans les médias que dans les communications, la robotique, la génomique et des tas d'autres domaines[137].

Les robots ne remplaceront jamais les prêtres confesseurs, je vous l'accorde. Mais une Église qui peine déjà à s'adapter à des économies de plus en plus individualistes, consuméristes et dépendantes des technologies devra relever de nombreux défis, allant du marché de l'emploi à la nature du lieu de travail, en passant par le caractère de l'animal humain. Par quoi devrait-elle commencer pour répondre aux questions que pose ce nouveau monde idéal ? Que devrait-elle changer ou conserver pour se frayer une place dans l'avenir ?

Le pape François, ses collègues et le reste d'entre nous serons contraints de relever le plus grand défi posé à tout dirigeant : choisir la bonne voie – celle qui nous permettra de traverser l'incertitude et un bouleversement considérable – en vivant au présent, dans le respect de la tradition tout en modelant le futur.

Heureusement pour l'Église, la formation jésuite du pape François l'a doté d'un état d'esprit et de « technologies spirituelles » nécessaires pour faire face au changement, mais aussi pour l'initier.

Chapitre 8

Créer le futur : gérer le changement, un défi

Mais que se passe-t-il si quelqu'un sort de lui-même ? Il peut se passer ce qui peut arriver à tous ceux qui sortent de chez eux et vont dans la rue : un accident. Mais je vous le dis : je préfère mille fois une Église qui a eu quelques accidents qu'une Église malade parce qu'elle est fermée !

Allocution du pape François sur la place Saint-Pierre le 18 mai 2013

À la fin de sa première année chez les jésuites, Tomás Bradley fut envoyé avec ses camarades novices travailler au Colegio Máximo, le grand séminaire dirigé par le père Jorge Bergoglio. Les étudiants en théologie et philosophie qui animaient l'établissement tout le reste de l'année l'avaient déserté pour l'été, et les vieux bâtiments délabrés étaient entièrement vides. Mais il fallait bien que quelqu'un continue à entretenir le complexe, et les novices, situés tout en bas de la hiérarchie, étaient des candidats tout désignés pour s'occuper de la ferme du séminaire, de la cuisine, et pour aider à d'autres corvées. Le poste de Bradley ? Concierge. Le père Bergoglio l'avait chargé de surveiller l'entrée principale.

Bradley restait donc seul à son bureau dans ce qui devait faire penser à une maison hantée – sans air conditionné, alors que les températures battaient des records à Buenos Aires. Bradley endura des heures de canicule et d'ennui intense, ponctuées de petites émotions épisodiques lorsqu'on frappait à la porte.

Un après-midi, deux visiteuses se présentèrent en demandant le père Bergoglio, c'était des religieuses de la congrégation des Filles de Jésus.

Bradley téléphona au bureau de Bergoglio :

« Mon père, deux Filles de Jésus vous attendent.

– Jésus n'avait pas de filles, voyons », répondit-il, pince-sans-rire.

Le jeune séminariste éclata de rire et raccrocha. Les deux religieuses semblèrent perplexes. Le père Bergoglio ne tarda pas à venir les chercher pour les inviter à le suivre dans une salle de réunion. Elles ne surent jamais ce qui avait provoqué l'hilarité du séminariste.

Le futur de l'Église dépend peut-être de l'objet de cette anecdote. Je reconnais que ça peut paraître exagéré, mais en réalité, ça ne l'est pas tant que cela. Heureusement, il ne s'agit pas du sens de l'humour du pape. Ce qui nous intéresse davantage, c'est la raison pour laquelle Bradley a été affecté au poste de portier. Sachez qu'il adorait travailler en plein air et qu'il avait convoité un emploi à la ferme. Cela lui aurait d'ailleurs convenu à merveille : il avait étudié l'agronomie avant d'entrer chez les jésuites.

Mais Bergoglio l'enferma dans la guitoune du concierge, ni par cruauté ni parce qu'il ignorait l'intérêt ou les compétences de Bradley. Si l'on en croit la mémoire du séminariste après toutes ces années, le recteur lui aurait attribué cette affectation parce que « Vous n'avez pas besoin de travailler à la ferme ; ce qu'il vous faut, c'est rester tranquillement assis au bureau du concierge, au calme. » Vous vous rappelez qu'il insistait, comme nous l'avons vu au chapitre 6, pour que les jésuites (et par extension les leaders) cultivent leur capacité à réfléchir ? « Il comprenait qu'il nous était nécessaire de développer notre vie intérieure pour être performants dans notre mission, dans notre travail », m'expliqua Bradley. Aussi Bergoglio voyait-il la quiétude du séminaire comme l'école idéale de l'âme où un jeune homme formé à l'action pourrait développer une aptitude qui se fait de plus en plus rare : la capacité à s'asseoir dans la solitude.

Avec le recul, Bradley comprit que Bergoglio cherchait à leur inculquer quelque chose de bien plus profond : « un peu de la spiritualité jésuite ». Autrement dit, « On ne peut pas toujours s'orienter vers le travail qui nous plaît ou qui s'impose de lui-même ; en revanche, il est absolument indispensable, pour vivre pleinement la mission jésuite, d'apprendre à suivre la voie du détachement, de la disponibilité et de l'indifférence ignatiennes. »

Détachement ? Indifférence ? Hein ?

Liberté « de » et liberté « pour »

Traduit en termes plus simples, on pourrait appeler « liberté *de* » et « liberté *pour* » l'une des dispositions vitales permettant aux dirigeants de faire des choix importants qui guideront leur famille ou leur compagnie (ou même l'Église) vers le futur. Et si on ne l'a pas ? Eh bien, lisez ce paragraphe en vous rappelant la fois où une mauvaise décision a été prise. Il y a de fortes chances pour que le décisionnaire n'ait pas été libre.

Commençons par la liberté *de*. Le futur des jésuites d'Argentine ne repose pas sur la prédilection de Bradley pour le travail en plein air. Mais projetez-vous dans vingt ans et imaginez un hypothétique Bradley (ou n'importe quel dirigeant) tellement obnubilé par ses intérêts et ses désirs personnels qu'il n'est plus en mesure de faire des choix judicieux. Prenons un exemple. Admettons qu'un jésuite travaille dans sa ville natale et qu'il s'y plaise beaucoup. Il s'installe dans la routine d'un job qu'il connaît bien. Il pourrait tout à fait s'opposer à son affectation à un autre poste, dans une nouvelle ville, quand bien même les jésuites y verraient une plus grande priorité. Imaginez un cadre supérieur tellement empreint de son ego et si bouffi d'orgueil qu'il refuse d'écouter les réserves raisonnables des autres quant à son nouveau projet phare. Imaginez la directrice d'un centre hospitalier cramponnée aux anciennes méthodes de gestion de l'hôpital qu'elle considère comme son fief. Si bien qu'elle refuse l'expérimentation d'un nouveau modèle qui permettrait à son établissement, au corps médical, aux maisons de soins et aux services communautaires de collaborer plus harmonieusement pour dispenser des soins holistiques coordonnés. En d'autres termes, nos habitudes, l'ego, le statut ou des dizaines d'autres démons intérieurs peuvent nous aliéner au point d'obscurcir notre jugement et nous orienter vers les mauvais choix. Le père Bergoglio avait donné au jeune séminariste Bradley une leçon « de base » pour lui apprendre à se libérer de ses attaches. En tant que pape, il nous enseigne sensiblement la même chose lorsqu'il nous invite à nous détourner de nos inclinations paralysantes, de nos idoles personnelles : « Nous devons nous dépouiller de nos idoles, petites et grandes, dans lesquelles nous nous réfugions, dans lesquelles nous cherchons bien des fois à placer notre sécurité[138]. »

Cette disposition à la liberté constitue le socle de la culture jésuite ; en effet, nous pourrions voir dans leur vœu de chasteté, entre autres choses, le signe radical d'un engagement à la liberté et à la disponibilité. Si l'on s'en réfère à Hernán Paredes, le père Bergoglio interpellait ses séminaristes en leur disant : « Nous avons déjà pris la décision difficile de quitter nos familles [pour devenir jésuites]. Pour quoi faire ? Il faut que nous nous *servions* de cette liberté. »

Oui, nous devons nous servir de cette liberté *pour* faire quelque chose. C'est le pendant de la liberté *de*. Se libérer des idoles et des liens ne conduit qu'à une vaine dérive si ce n'est pas canalisé vers un objectif. On ne se dépouille pas de ses chaînes pour rester debout à ne rien faire ou pour tourner en rond, mais pour décrocher le prix, trouver la perle précieuse, la mission, l'objectif qui donne sens à la vie et au travail. Notez bien que les précédents exemples comprenaient, implicitement, un but : le jésuite attaché à sa ville natale et à son travail habituel n'était pas libre de mener une mission plus importante. Et la directrice de l'hôpital était si prisonnière de ses anciennes méthodes de travail qu'elle n'avait pas la liberté de concevoir une nouvelle approche pour préserver la santé de sa communauté, but ultime du secteur hospitalier.

Revenons sur le thème du précédent chapitre « respecter la tradition ». Ce concept apparaît désormais plus nettement encore. Notre mission, nos buts, nos valeurs, nos principes moraux, notre sens profond de ce que nous sommes en tant qu'être humain, de même que nos croyances religieuses ou humanistes, nous guident, mais puisent souvent leur source dans nos traditions. Si nous sommes libres, ces convictions nous poussent en avant et nous maintiennent dans la bonne direction, comme une boussole magnétique. Il n'y a rien de mal à ce que ce jésuite apprécie de travailler dans sa ville natale ; il est totalement impliqué dans l'opportunité présente, et tant mieux ! Il faut néanmoins se demander si cet attachement ne l'empêche pas de remplir une mission bien plus importante. La notion de la liberté *pour* remettrait en cause ce jésuite : « Eh, rappelle-toi que notre but principal est d'œuvrer à la plus grande gloire de Dieu ! Il faut que tu te rendes plus disponible pour notre mission. » C'est aussi valable pour la directrice d'hôpital : « N'oubliez pas que la santé de la communauté constitue notre priorité en tant que professionnels du milieu médical – ne devriez-vous pas vous ouvrir à d'autres méthodes susceptibles de mieux servir nos objectifs ? »

Mais penchons-nous sur un cas du mode de vie jésuite, axé sur l'indifférence et tiré d'une expérience « réelle », plutôt que sur ces exemples hypothétiques. Le père Fernando Albistur m'en a justement procuré un en me faisant partager ses souvenirs du père Bergoglio. Il débuta son récit sur une image percutante en surnommant Bergoglio *« un piloto de tormentas »* (soit « un pilote dans la tempête »). En 1962, 350 jésuites travaillaient en Argentine. Une décennie plus tard, à l'époque où Bergoglio devint provincial, leur nombre était tombé à 221. Alors que ces rescapés se démenaient pour maintenir à flot un certain nombre d'écoles et de travaux spirituels, Bergoglio prit les commandes. Et le nouveau « pilote » voyait l'horizon s'assombrir : dans les années 1960, plus de 100 jésuites argentins étaient novices à divers stades de leur formation – la source coulait à flot et l'avenir semblait assuré. Mais quand Bergoglio récupéra les rênes, la source s'était tarie : de 100, ils n'étaient plus que 9. Pas 99, seulement 9.

Les jésuites n'avaient pas cherché à réduire leurs effectifs. En réalité, l'Église était secouée par les réformes introduites par le concile Vatican II et les changements sociaux rapides et perturbants de la fin des années 1960. Alors qu'elle tentait de se moderniser face au séisme social qui s'annonçait à grande échelle, des milliers de prêtres et de bonnes sœurs cherchèrent leur place dans ce nouveau monde et renoncèrent finalement à leur vie religieuse. Ces soudains abandons de vocation paralysèrent de nombreux supérieurs religieux qui hésitèrent sur la réaction à adopter et sur la façon d'appliquer les idées du concile. Mais les grands leaders ne s'avouent pas vaincus par la tempête, ils la traversent. Ils regardent devant eux et pas derrière. Ils ne se plaignent pas, ils agissent. Le père Bergoglio renouvela la conception de la vie religieuse et commença à se crotter les pieds pour renforcer les rangs jésuites. En cinq ans, ses frères jésuites et lui parvinrent à renflouer la source, et les novices passèrent de 9 à 44.

Les grands dirigeants pris dans la tempête ne voient pas bien l'horizon mais acceptent, si nécessaire, d'assumer leurs décisions difficiles. Le père Albistur, recourant de nouveau à une image forte, expliqua que le père Bergoglio « n'avait pas les mains qui tremblaient » face aux choix délicats, et il en fit beaucoup. Il confia notamment la direction de l'université jésuite de Buenos Aires et de l'école de

Cordoba à des collègues laïcs. Pensez au concept de liberté *de* et imaginez combien il a dû être pénible de renoncer aux prestigieuses institutions que les jésuites administraient depuis des décennies, des institutions auxquelles certains des compagnons de Bergoglio avaient consacré leur vie.

Comme nous l'avons vu, la liberté *de* perd son sens si elle n'est pas employée à poursuivre une cause plus grande. Même si le père Bergoglio gérait la baisse des ressources jésuites en mettant fin à certaines de leurs activités, il consacrait les moyens qui lui restaient à de nouveaux combats : la création de paroisses, la première dans l'une des régions les plus défavorisées d'Argentine et la seconde dans un quartier minier qui souffrait des effets négatifs de l'explosion démographique. Le père Bergoglio réorientait les jésuites vers « les frontières », pour reprendre l'expression d'Albistur, aux endroits où il sentait qu'il fallait intervenir en priorité.

Ne perdez pas de vue votre mission, la conception, le but qui vous tirera vers le haut et vous inspirera ; et libérez-vous de tout ce qui pourrait vous freiner dans votre quête. Soyez libres. Libres de tout fardeau intérieur, de toute attache susceptible de vous retenir ou d'obscurcir votre jugement. Libres *pour* faire des choix sains, inspirés, audacieux qui serviront votre mission et vous permettront de la poursuivre. Le pape François saupoudre ses sermons d'invitations à une plus grande liberté. En fait, le verbe « saupoudrer » ne lui rend pas justice. Disons plutôt qu'il a écrasé sous « un tapis de bombes » les catholiques, pris en tant qu'individus ou en tant qu'Église dans son ensemble, en les appelant à une grande liberté, à l'ouverture au changement, à se focaliser sur l'avenir. L'homme qui essuya les *tormentas* (tempêtes) consécutives au concile Vatican II refusa de se retourner. Devenu pape, il interpella les « hommes à la tête dure, depuis toujours vous résistez à l'Esprit Saint[139] ».

Si nous citions toutes les références du pape à la liberté, ce livre ferait bien dix pages de plus. Bornons-nous à quelques exemples qui condensent l'attitude du libre *de*/libre *pour* :

« Avant tout : soyez libres ! (…) La liberté signifie savoir réfléchir sur ce que nous faisons, savoir distinguer ce qui est bien de ce qui est mal, discerner les comportements qui font grandir. C'est exigeant d'être toujours libres de choisir le bien, mais cela fera de vous des personnes courageuses, armées pour affronter la vie[140]. »

La tentation serait de nous dire qu'il « est préférable de rester là » où on est en sécurité. Mais cela reviendrait à l'esclavage d'Égypte : « J'ai peur d'aller de l'avant, à l'endroit où le Seigneur me conduit. » Et « la peur n'est pas bonne conseillère »[141].

« La tâche du service diplomatique du Vatican requiert, comme tout autre type de ministère, un grand dépouillement intérieur (…), des ambitions et projets personnels[142]. »

Libre pour prendre la bonne décision

Tous les exemples que nous venons de citer ne certifient pas que le père Bergoglio ait toujours su prendre les bonnes décisions au cours de ses années difficiles de *piloto de tormentas*. Il a même très certainement été plus d'une fois dans l'erreur. N'y voyez pas de ma part une marque d'irrespect envers le Saint-Père, mais un simple fait déroutant dans tout leadership : les dirigeants sont amenés à se prononcer dans des circonstances souvent incertaines, soumis à des délais restreints et sans boule de cristal pour leur indiquer de quoi l'avenir sera fait. Aucun humain n'est infaillible en tout et pour tout. Nous sommes d'ailleurs souvent de très mauvais décisionnaires, comme peuvent en témoigner tous ceux qui ont vécu ces quelques dernières années. Pensez à ces cadres bancaires payés des sommes astronomiques qui ont pris le risque de doubler la mise sur des titres hypothécaires alors qu'ils auraient dû se retirer ; à ceux qui se sont acheté, à crédit, d'énormes résidences prétentieuses tout en sachant qu'ils ne pourraient jamais en honorer les traites ; à vos amis qui enchaînent les aventures désastreuses ou à la ribambelle de politiciens qui ont torpillé leur réputation et leur carrière à cause d'indiscrétions d'ordre sexuel. Et la liste des mauvais choix ne cesse de s'allonger. Les journaux en font d'ailleurs leurs choux gras et « Bon sang, mais à quoi pensait-il ? » est devenu le refrain quasi récurrent de leurs lecteurs. Le pape n'échappe pas à la règle. Dans *El Jesuita*, il reconnut s'être retrouvé très jeune à un poste de direction : « J'ai appris sur le tas, appris de mes erreurs et, oui, j'en ai fait *des tonnes*[143]. »

Quand son interviewer lui fit remarquer qu'un homme élevé à la dignité de cardinal devait avoir appris à résoudre tous les problèmes, le père Bergoglio le détrompa avec l'humilité et la franchise qui font souvent défaut aux leaders importants : « Absolument pas. Je ne connais pas toutes les réponses, ni toutes les questions, d'ailleurs (…) Je dois avouer que, vu mon caractère, la première réponse qui me vient est la mauvaise (…) Par conséquent, j'ai appris à me méfier de ma première intuition[144]. »

Ce constat ne doit pas affoler le milliard de catholiques mais les réjouir, au contraire. Quand on dirige, ce n'est pas un péché que d'avoir de mauvaises intuitions, mais c'en est un de ne pas vouloir l'admettre. Des recherches ont montré que l'arrogance est mère de toutes les mauvaises décisions. Mieux vaut un pape qui se méfie de sa première intuition qu'un PDG suffisant et insouciant qui ne doute jamais de lui et fonce tête baissée.

Bien que les psychologues aient identifié les pièges les plus fréquents qui jalonnent la prise de décision, la plupart d'entre nous ne prêtent aucune attention aux ouvrages destinés à améliorer nos compétences en la matière ; après tout, nous partons du principe qu'ils ne s'adressent pas à nous, mais à ceux qui manquent de discernement. On appelle ce comportement l'« effet de l'arrogance », l'écueil principal des décisionnaires. Celui-ci nous prédispose à tomber dans un autre piège, celui de « l'illusion du contrôle » : en général, nous surestimons notre aptitude à maîtriser un résultat et sous-estimons grandement les effets du hasard ou des facteurs indépendants de notre volonté. Vous êtes-vous déjà demandé pourquoi le coût des travaux de rénovation d'une route ou d'une maison dépassait toujours le budget initial ? Nous pouvons l'attribuer à une « erreur de planning », à la certitude erronée d'avoir minutieusement anticipé toutes les dépenses et imprévus relatifs au projet. À en juger par l'un de ses commentaires, le cardinal Bergoglio l'avait deviné : « L'une des caractéristiques du mauvais leader, c'est d'être beaucoup trop autoritaire parce qu'il a trop confiance en lui[145]. »

Ignace, le fondateur des jésuites, n'y connaissait rien en psychologie ou en management, mais il comprit intuitivement la nature humaine. Il l'avait appris à ses dépens : il commit beaucoup d'erreurs de jeunesse. Cherchant à épargner aux autres le même sort, il conçut ce que l'on pourrait appeler des « technologies spirituelles », des conseils avisés pour nous orienter vers les bons choix, que ce soit pour nos carrières, nos relations, nos projets professionnels, ou même le futur de l'Église. Certains se moqueront sans doute du jumelage des deux mots « spirituel » et « technologie » (pourtant l'étymologie grecque du second signifie « le savoir-faire »). Il suffit de penser à la crise financière mondiale de 2008 pour comprendre que les technologies « dures » comme la plateforme électronique de *trading* informatisé sèmeront le chaos si elles ne sont pas contrôlées par des humains au savoir-faire mesuré, les incitant à des choix prudents.

La manière dont le pape François envisage la conduite de l'Église est une leçon magistrale qui nous donne les outils décisionnaires et l'état d'esprit tirés de sa formation jésuite.

« C'est une révolution » : prenez conseil

Les cardinaux de l'Église présentent toujours une image d'unité et d'harmonie, de leur tenue vestimentaire à leurs déclarations concordantes. Les échos des débats qui les divisent peut-être derrière des portes closes nous parviennent rarement. C'est pourquoi le franc-parler dont ils firent preuve avant le conclave a de quoi étonner. Ils exprimèrent, les uns après les autres, leur mécontentement face aux comportements de leurs collègues du Saint-Siège. Le cardinal allemand Walter Kasper fut cité par le *Spiegel*. Il déclara : « Nous avons besoin d'une nouvelle façon de gouverner l'Église, un gouvernement plus horizontal », allant même jusqu'à dire : « Il faut révolutionner la Curie »[146].

Les cardinaux réclamant, en priorité, une réforme de la Curie romaine, que devrait faire le nouveau pape ? Après tout, il est entré en fonction sans avoir de prise sur la machinerie du Vatican. Tout leader expérimenté hérite, à un moment ou à un autre, d'une entreprise nécessitant une restructuration urgente, et cette dernière présente toujours des inconvénients. Soit on se terre dans son bureau pour mettre au point un plan de réorganisation en étant tout à fait conscient de ne pas saisir toutes les facettes du projet. Soit on se tourne vers une équipe de collègues qui y travaillent et savent comment faire – mais leur plan favorisera-t-il leurs intérêts ou ceux de la société ? Aussi préférera-t-on peut-être s'en remettre à des consultants extérieurs, même si nous les suspectons souvent de vouloir nous vendre la solution préfabriquée qu'ils proposent à tout le monde.

Le pape François ne pencha pour aucune de ces options. Il chargea plutôt une commission de huit cardinaux de le conseiller sur les réformes à mener au Vatican. Tous ont connaissance des rouages de l'Institution, mais il n'y a parmi eux qu'un initié. Paolo Rodari, journaliste à *La Repubblica* et observateur du Vatican, qualifia cette collaboration quasi sans précédent de « révolution[147] ».

Une révolution ? Pour les affaires du Saint-Siège sûrement, mais pas pour le pape, imprégné de la conception managériale d'Ignace de Loyola. D'un côté, le règlement d'Ignace accorde une très grande autorité décisionnaire au général des jésuites et à chaque provincial (poste qu'occupa le père Bergoglio en Argentine) ; aucun « sénat » jésuite ne vient vérifier et contrebalancer le pouvoir d'un provincial. De ce fait, il est habilité à diriger de façon agressive s'il le souhaite.

Toutefois, à la même époque, Ignace décida que les leaders auraient « en particulier des hommes désignés pour les conseiller, avec lesquels ils s'entretiendront des questions plus importantes qui se présentent[148] ». En tant que provincial et responsable du séminaire, le père Bergoglio devait convoquer régulièrement ses « conseillers », une poignée de collègues jésuites dont les domaines d'expertise, les âges et les opinions différaient. Si un système fonctionne correctement, la décision gagne forcément en qualité. Les leaders sont obligés de bien structurer leurs arguments pour justifier la création d'un nouveau ministère ou le remplacement d'un lieutenant clé, et les conseillers peuvent fouiner dans les angles morts ou les « attachements » trompeurs susceptibles de brouiller l'analyse du manager.

Au cours de ces discussions, de nouvelles perspectives émergent qui améliorent la qualité de la décision : des recherches nous montrent que la plupart des cadres supérieurs, confrontés à un problème, ont tendance à restreindre prématurément le champ des solutions possibles. Alors qu'ils devraient justement prendre le temps de l'élargir, ils l'ont déjà réduit à sa plus simple alternative : « oui » ou « non ». Par-dessus tout, le dirigeant pallie ses faiblesses en s'entourant de conseillers avisés. Dans certains de ses commentaires privés, qui filtrèrent peu de temps après dans la presse, le pape révéla que cette raison avait pesé dans sa décision de former une commission : « La réforme de la Curie romaine a été réclamée par quasi tous les cardinaux lors des congrégations générales avant l'ouverture du conclave. Moi aussi je l'ai demandée. Mais ce n'est pas moi qui peux la faire, ce sont des questions de gestion (...) Je suis très désorganisé. Je n'ai jamais été bon à ça. Mais les cardinaux de la commission vont la faire avancer (...) Priez pour moi (...) que je fasse le moins d'erreurs possible[149]. »

Cette dernière phrase souligne l'un des principaux résultats du leadership fort : « Priez (...) pour que JE fasse le moins d'erreurs possible ». Il consultera ses conseillers, certes, mais la décision finale lui appartiendra. C'est lui qui assumera la responsabilité ultime. Les dirigeants indécis évitent de demander conseil à leurs collaborateurs : ils craignent de paraître mal informés et hésitants, ou redoutent que les subordonnés proposent de meilleures idées que le patron. Et les leaders faibles qui refusent de se mettre en première ligne risquent de se laisser aller dans le sens opposé : chercher le consensus ou un conseil revient à abdiquer devant des décisions difficiles à prendre. En revanche, les dirigeants équilibrés sont suffisamment sûrs d'eux pour prendre conseil et assez forts pour assumer leurs décisions. Mais une large consultation ne ralentit-elle pas le processus décisionnaire ? Je vous l'accorde, il faut parfois délibérer dans l'urgence, sans avoir le temps de consulter des données pertinentes. Les leaders qui ne veulent pas agir sous cette pression, alors même que les circonstances l'ordonnent, sont des démissionnaires. Pourtant, dans la plupart des cas, se laisser le temps ne constitue pas une négligence, mais un devoir : ils doivent s'autoriser à rechercher le calme intérieur nécessaire pour confirmer un choix. Là encore, il s'agit d'une arme de plus dans l'arsenal jésuite.

Sondez votre cœur, pas seulement vos conseillers

Quatre mois après son élection, le pape François n'avait toujours pas désigné son Secrétaire d'État, le deuxième poste le plus important du Vatican, qui équivaudrait en quelque sorte à celui de Premier ministre. Quant aux chefs de la plupart des dicastères, ces départements clés, ils étaient sur le grill « jusqu'à nouvel ordre[150] ». Et cette fameuse commission chargée de proposer des réformes ? Six mois s'écoulèrent avant qu'elle ne se réunisse pour travailler sérieusement sur des propositions. Pourquoi si tard ? Eh bien, avant de devenir pape, le cardinal Bergoglio déclara : « Prendre son temps, ce n'est pas pour autant laisser faire[151]. » Il paraphrasait l'une des idées phares de la tradition jésuite selon laquelle les leaders avisés apprennent, et les irréfléchis ignorent, à leurs risques et périls.

Au cours d'une réunion avec les dignitaires religieux d'Amérique latine, le pape révéla de façon spontanée l'état d'esprit dans lequel il se trouvait pendant le conclave. Scrutin après scrutin, les dépouillements indiquaient insensiblement l'imminence de son élection : « Je n'ai à aucun moment perdu ma tranquillité [d'esprit *(no perdí la paz)*], vous savez ? Et cela ne tenait pas à moi, je suis du genre inquiet, soucieux (…) Pourtant, à aucun moment, je n'ai perdu mon calme[152]. »

Tous ceux qui ont déjà eu à prendre de grandes décisions connaissent ce sentiment. Il faut réfléchir à une demande en mariage, une réorientation professionnelle, une fusion d'entreprises ou le choix d'une école adaptée aux besoins particuliers d'un enfant, puis évaluer le problème rationnellement, et après, ressasser les faits dans sa tête, deux ou trois fois de préférence. Ensuite, on doit attendre quelques heures ou même quelques jours, si les délais le permettent, et se concentrer sur son intuition. Alors notre esprit s'apaise, même lorsque notre champ d'action nous paraît atrocement limité, ce qui nous aide à avancer sur une route difficile.

Un choix judicieux suppose plusieurs qualités majeures. Il est primordial que la décision soit justifiée. Je peux trouver un argument logique qui cadre avec ma mission, mes valeurs. Mais dès que le « justifié » coïncide avec le « je suis en paix à l'idée de faire ce que je dois faire », on se sent conforté dans sa décision et encouragé à aller de l'avant. Et au contraire, quand on se laisse ronger par l'angoisse, on hésite. Notre inquiétude devient le signal qu'il faut reprendre notre réflexion.

Les jésuites compareraient cette dynamique à la forme intuitive du « discernement de l'esprit », un procédé que le pape a nommé « l'un des trésors des jésuites[153] ».

Cette phrase pourrait évoquer d'effrayantes images, comme un cercle de jésuites délibérant dans des vapeurs d'encens. Mais la démarche tient plus de l'art que du rituel. Rappelez-vous du chapitre 5, de la nécessité pour les jésuites de se crotter les pieds dans le monde réel, eux qui croient à la présence de Dieu dans « toute chose ». Cela inclut de rechercher Dieu dans sa vie intérieure, d'éprouver tour à tour paix et réconfort ou inquiétude et désespoir. Du point de vue d'Ignace, ces sentiments profonds, interprétés correctement, nous aident à saisir le cheminement d'une personne ou d'une entreprise confrontée à des choix difficiles. Revenons sur l'attention que le père Bergoglio prêta à ses émotions le jour du conclave. Il était frappé de n'avoir, à « aucun moment (…) perdu [son] calme », compte tenu de son tempérament « inquiet, soucieux ». Il prit cette tranquillité d'esprit pour un signe fort et puissant. En termes jésuites, il y vit une « consolation » : il se sentit serein malgré sa nature angoissée, alors qu'il aurait dû éprouver de la peur et de l'inquiétude face à cette situation stressante. Il en conclut : « Ceci me confirme que cela vient de Dieu. »

Aussi, en déclarant, dans un autre contexte, « prendre son temps, ce n'est pas pour autant laisser faire », il conseillait probablement aux leaders de s'en remettre à leur cœur et pas seulement à leur tête, ou à leurs conseillers, avant de prendre des décisions majeures[154]. Mais ne vous y trompez pas, sonder son cœur ne se résume pas à dire « J'ai vraiment l'impression qu'il faut que je le fasse, c'est donc la bonne chose à faire. » Il existe des tombereaux de livres sur l'art du discernement. En outre, de nombreux lecteurs ne partageront pas la conviction spirituelle du pape François selon laquelle nos états intérieurs, de quiétude ou d'inquiétude, représenteraient les voies mystérieuses d'une communion avec l'Esprit Saint plus que de simples impressions.

Qu'importe que vos croyances diffèrent de celles du Saint-Père. La science décisionnaire et la recherche en management, avec leurs propres procédés d'investigation, sont arrivées à la même conclusion. Pour faire un choix valable, les dirigeants doivent réfléchir posément au lieu d'agir sous le coup de l'impulsion et apprendre à examiner leur instinct en plus de leurs tableaux Excel.

« Accidents dans la rue » : un penchant pour l'action

Après avoir pris d'autres avis et écouté sa voix intérieure, le leader doit agir. Trop nombreux sont ceux qui fuient la prise de risque, pour des raisons compréhensibles. Ils redoutent qu'une mauvaise décision les discrédite ou compromette leur entreprise.

Regardez le nombre de cultures et de percées technologiques d'avant-garde tout droit sortis de dortoirs ou de garages d'entrepreneurs qui n'avaient rien à perdre. Bill Gates (Microsoft), Steve Jobs (Apple), Mark Zuckerberg (Facebook), mais aussi Larry Parge et Sergey Brin (Google), sont des arrivistes sous-capitalisés et non des titans confortablement installés dans les labos de recherche bien équipés d'une entreprise géante. En fait, ces entrepreneurs exploitaient souvent des technologies que des monstres comme Xerox, AT&T ou IBM connaissaient ou qu'ils avaient même, dans certains cas, inventées.

Ces types-là n'avaient non seulement rien à perdre, mais aucune porte de sortie. Ils continuaient sur leur lancée créative, faute de quoi ils risquaient de déposer le bilan ou de se sentir inutiles. En revanche, les pressions subtiles qui pèsent sur les dirigeants des grandes entreprises peuvent les conduire à une aversion pour le risque et à un manque cruel de créativité. Après tout, une ou deux opportunités ratées ne feront pas de mal à une grosse société, alors que trop d'audace, si. Ces patrons de sociétés réputées préservent de vieilles traditions, arborent des valeurs clairement formulées, détiennent d'importants actifs ou réseaux de partenaires et veillent à protéger ce dont ils ont hérité. Du mieux possible : un manager peut ruiner en dix ans ce que ses prédécesseurs ont mis plus d'un siècle à construire.

Le problème, c'est qu'à force de suivre la voix de la sagesse et d'éviter de prendre des risques inconsidérés, on finit par ne plus en prendre du tout tant on les a en horreur. Et dans un monde qui évolue aussi vite que le nôtre, les entreprises ne peuvent pas se retrancher dans l'immobilisme : soit elles s'adaptent aux circonstances changeantes, soit elles périclitent.

C'est pourquoi le sentiment de sécurité qui se propage dans les très grandes compagnies constitue un luxe discutable. Les arrivistes qui n'ont rien à perdre considèrent chaque jour comme une lutte pour leur survie ; aussi doivent-ils rester inventifs et entreprenants. En revanche, leurs homologues nantis qui ont beaucoup à perdre risquent de vivre longtemps dans le déni, remarquant à peine le retard pris ici ou là. Lorsque le temps sera venu d'affronter la réalité, cette érosion progressive du terrain aura laissé l'entreprise au fond du gouffre. Prenez mon Église bien-aimée comme l'exemple d'une institution massive et bien établie. Ses dirigeants sont bien conscients d'avoir hérité d'une inestimable tradition âgée de deux mille ans. Comme aucun évêque ou pape ne veut passer à la postérité pour celui qui l'a bafouée ou tronquée, les pasteurs de l'Église préservent minutieusement ses trésors. Les catholiques partisans du changement qui réclament impatiemment telle ou telle initiative devraient être qualifiés d'inconséquents et ne pas oublier que, si les modes vont et viennent, « l'Église, elle, pense en siècles ».

Mais cet état d'esprit, très répandu, aussi condescendant qu'une petite tape paternaliste sur la tête d'un enfant naïf, ne peut plus durer maintenant que l'Église a perdu son trésor. Peut-être pas celui d'ordre matériel, ni ses vérités doctrinales défendues depuis des siècles, et encore moins son lien, source de vie, à son fondateur, Jésus. Ce trésor en péril est celui qu'a identifié Laurent de Rome au IIIe siècle après Jésus-Christ. À l'époque, il était chargé de veiller sur les aumônes et les biens matériels de l'Église. Un jour, il dut affronter un préfet qui cherchait à lever des impôts et qui demanda à voir les richesses de l'Église. Trois jours plus tard, Laurent se présenta devant lui, accompagné de chrétiens pauvres, malades, aveugles et souffrants. « Regarde, lui dit-il, voici le trésor de l'Église. »

Et c'est vrai. Quel trésor matériel possède-t-elle sinon les pauvres et les affligés ? Et ne le sommes-nous pas tous, d'une certaine façon ? Nous sommes les matériellement pauvres, les physiquement diminués, les chercheurs d'espoir, les affamés de nourriture spirituelle, les martyrs de nos addictions et de nos démons intérieurs, les aveugles dans un monde ensorcelé par le consumérisme, incapables de voir ce qui donne un sens profond à notre vie.

Ce trésor – le peuple de l'Église – est en train de disparaître. Depuis 1991, le nombre de Brésiliens qui se proclament catholiques diminue de 1 % par an ; celui des Américains se prétendant catholiques « fervents » baisse de 0,5 % par an depuis le milieu des années 1980. Aucune entreprise, organisation ou institution accusant, dans deux pays, une perte équivalant à 20 % de tous ses clients ou adhérents ne peut plus se permettre de penser en siècles.

Et la situation est encore plus catastrophique dans les anciens bastions du catholicisme : seuls 7 % des catholiques français assistent régulièrement à la messe[155], et à Dublin, ils ne sont que 18 %... On pourrait continuer longtemps ce triste recensement. Il y a néanmoins des exceptions[156]. Les chiffres sont surtout très encourageants en Afrique, où la population catholique a bondi de 23 millions à 185 millions au cours de la moitié du siècle dernier[157].

Pour autant, le nouveau pape, qui vient d'Amérique du Sud où le nombre de fidèles décroît lentement depuis quelques décennies, n'est pas assez naïf pour imaginer que l'Afrique restera immunisée contre les tendances qui affectent son pays ainsi que beaucoup d'autres : les croyants et pratiquants catholiques se raréfient à mesure que l'économie se modernise et se développe.

Autrement dit, il est urgent de sortir l'Église de cette situation délicate. À défaut d'une initiative déterminée qui la galvaniserait et lui rendrait son énergie, la glissade lente mais inexorable vers un « toujours moins de fidèles » pourrait s'accélérer et se muer en spirale infernale. Les catholiques peuvent remercier Dieu que le pape François ait hérité d'un des traits de caractère du fondateur de la Compagnie de Jésus : un penchant pour l'action.

Ignace de Loyola exhorta les jésuites à vivre « avec le pied levé », toujours prêts à partir en mission. Si l'on s'en réfère aux souvenirs de Hernán Paredes, le père Bergoglio répétait souvent à ses séminaristes : « Nous ne sommes pas jésuites pour tourner en rond et nous faire les ongles (...) Nous avons du pain sur la planche. »

Le contexte historique d'Ignace de Loyola n'a absolument rien à voir avec celui du pape François, quoiqu'on puisse dresser un parallèle intéressant entre les deux. La réforme protestante de Martin Luther enflamma de larges pans d'Europe et Ignace assista alors à la défection des catholiques dans de nombreux pays. À Rome et ailleurs, l'Église catholique se replia d'abord dans le déni, puis riposta de façon excessive en enchaînant condamnations et excommunications, ce qui attisa les feux de la Réforme. Tandis que les réformistes profitaient d'un « nouveau média » – l'imprimerie de Gutenberg – pour diffuser leur message, l'Église se défendait en mettant à jour sa liste de livres interdits plutôt qu'en partageant ses idées positives. Il ne serait finalement pas si exagéré d'affirmer que, pendant des dizaines d'années, l'institution catholique fut corrompue et manqua, tour à tour, d'inspiration, d'imagination et d'énergie pour agir.

Voilà qu'Ignace et sa poignée de compagnons entrent en scène : ils n'ont rien à perdre avec leur « start-up sous-capitalisée » et sont bien décidés à aider l'Église au bord du sinistre. Ils n'avaient pas de directives, mais un dessein : poursuivre inlassablement leur mission et mépriser la corruption, le carriérisme fondé sur l'intérêt personnel et les privilèges alors monnaie courante dans la hiérarchie cléricale, chez les « princes de l'Église », au pire sens du terme. Au moment où Luther et d'autres dénonçaient la corruption de l'institution, l'exemple déplorable de la hiérarchie cléricale avait déjà bien entamé la crédibilité de l'Église auprès des chrétiens ordinaires.

Les novices jésuites ne s'engageaient pas seulement à vivre en étant toujours prêts à partir et à poursuivre leur mission. Ils commencèrent à prêcher dans les rues, créèrent des aumôneries, des écoles, un conseil spirituel et une foule d'autres choses. Devant le succès spectaculaire de leurs établissements scolaires, Ignace infléchit ses actions tous azimuts pour affecter rapidement ses effectifs à la mission d'enseignement, qui ne figurait pourtant pas du tout dans les projets du fondateur.

Près de cinq siècles plus tard, c'est toujours le groupe d'éducation scolaire et universitaire privé le plus important du monde. Nous pourrions y voir le résultat d'une brillante stratégie. Mais il découle plutôt de la volonté des premiers jésuites d'expérimenter et de prendre des risques. Leur tactique, s'il y en a jamais eu, consista essentiellement en « Ne reste pas planté là [les bras croisés] – essaye quelque chose. Si ça marche, fonce. Si ça ne marche pas, tente autre chose. » La posture proactive d'Ignace est bien résumée dans la maxime attribuée au dramaturge Samuel Beckett : « Essayer encore. Rater encore. Rater mieux. »

Le pape François connut, lui aussi, des décennies de défection catholique : les fidèles s'engagèrent de moins en moins dans leur paroisse, rallièrent d'autres églises qui répondaient mieux à leurs besoins spirituels ou se détournèrent de la religion en général. Et, comme à l'époque d'Ignace, des années se sont écoulées et l'Église n'a toujours pas trouvé de modèle efficace et reproductible pour freiner ce déclin. Les réponses ne coulent pas de source, je vous l'accorde : le monde moderne – de l'individualisme au relativisme moral en passant par le consumérisme – pose problème à toutes les organisations religieuses.

Le plus inquiétant dans tout ça, c'est la torpeur générale, le refus apparent de vivre « avec le pied levé », le manque d'initiative coordonnée ou d'esprit d'entreprise. En clair, c'est important, mais pourquoi si urgent ?

On a beaucoup parlé d'urgence. Les prédécesseurs du pape François étaient bien conscients des faits bruts que nous venons d'énumérer. Dès 1973, le pape Paul VI prit son courage à deux mains et aborda le sujet tabou. Il se demanda si l'Église était suffisamment bien préparée à l'évangélisation du monde moderne et proclama « l'urgence de donner à cette question une réponse loyale, humble et courageuse[158] ». Mais deux décennies plus tard, la solution n'était toujours pas trouvée lorsque le pape Jean-Paul II sentit intuitivement que « l'urgent devoir d'évangélisation » constituait une « urgence » pour raviver le rayonnement de l'Église. Oui, le pape fit deux fois appel à cette notion d'urgence, en deux lignes. Les papes choisissent minutieusement leurs mots ; ces rappels continus à l'urgence sont sincères ; ils n'ont rien du bêlement hystérique d'un commentateur de télévision en manque d'audience. Et pourtant, il ne s'est pas passé grand-chose ces dernières décennies, alors que des dizaines de millions de fidèles se sont éloignés. En effet, il fallut attendre 2012 pour assister à l'ouverture d'un modeste bureau au Vatican chargé de coordonner ces efforts. « L'urgence » implique action et changements douloureux. Et pourtant, aucun observateur honnête, qu'il soit loyal envers l'Église ou pas (mais surtout s'il l'est), ne considérera les initiatives de l'institution, trop modestes devant l'ampleur du chantier, comme des réponses adaptées à cet urgent besoin d'action. Après des décennies de léthargie relative, le pape François, en nouveau dirigeant, a désormais la lourde tâche d'apporter une réponse que l'on pourrait vraiment qualifier d'urgente ; il doit réussir là où ses derniers prédécesseurs ont échoué : passer des paroles aux actes susceptibles de porter leurs fruits. Le pape Jean-Paul II invoqua « une nouvelle ardeur, de nouvelles méthodes et un nouveau langage » ; les preuves de cette mise en œuvre sont rares et sporadiques. Le défi du pape François ? Faire suivre cet appel d'une action robuste, coordonnée et inspirée[159].

Une idée simple et directrice

Voilà pourquoi les journalistes et commentateurs catholiques ont peut-être gaspillé leur encre et leurs gigaoctets à se demander : « Que va faire le pape François ? Comment compte-t-il restructurer l'Église ? Quand réorganisera-t-il la bureaucratie ? »

Ces préoccupations excessives, relatives aux questions d'infrastructure, ne se rapportent selon le pape qu'à « une Église qui devient autoréférentielle ». Elles occultent la vraie révolution qui se déroule pourtant sous leurs yeux. Ils demandent ce que fera le pape François ? Il va initier un changement de culture massif dans l'Église catholique. Tourner son attention vers l'extérieur. Renforcer son identification aux pauvres et aux nécessiteux. Stimuler un rayonnement plus proactif, plus enthousiaste. Cet effort pour réformer la culture constituera la marque de fabrique de sa papauté. Dès le premier soir, il l'inaugura en enfreignant la tradition, lorsqu'il se présenta au balcon après son élection. Ne vous y trompez pas : il a décidé de relever un défi herculéen. Parmi les tâches qui incombent au leader, celle de modifier la culture d'une institution très ancrée dans sa tradition est sans doute l'une des plus difficiles. Il ne faut pas imputer la forte résistance au changement à un simple esprit d'opposition ou à une mauvaise volonté. On doit l'attribuer aux systèmes complexes des organisations dans lesquelles les individus sont si attachés à leur rôle que leur demander d'en changer reviendrait à exiger d'un droitier qu'il écrive de la main gauche.

On croirait que la résistance est inscrite dans les gènes de l'institution : les réformes sont court-circuitées. Il suffit de constater le faible retentissement de ces appels d'urgence dans l'Église, sans parler des paroisses : je n'ai encore jamais entendu un prêtre le mentionner du haut de sa chaire. François est décidé à y remédier, encourageant et cajolant son troupeau d'un milliard de fidèles en déplorant que « la vie des chrétiens endormis soit une vie triste » et implorant « les catholiques vautrés sur leur canapé (...) et les chrétiens tièdes (...) qui n'ont pas envie d'aller de l'avant[160] ». Pourtant, ces termes forts n'ont pas retenti bien loin, et si nous les avons entendus, nous sommes partis du principe qu'ils s'adressaient à d'autres. C'est cela, la résistance au changement culturel dans une grande institution. Pour procéder à ce type de réforme, il faut d'abord commencer par décrire la nouvelle culture, et le pape François a commencé à le faire. Il dépeint une Église plus simple et plus humble. Il tient à ce qu'elle s'identifie davantage aux périphéries de la société : aux pauvres, aux vulnérables, aux marginaux : « Je voudrais une Église pauvre pour les pauvres », confia-t-il aux journalistes. Il imagine une Église joyeuse, proactive, qui s'impliquerait dans le monde (y compris avec ses anciens fidèles) en diffusant son message[161]. Il rabâche ces quelques idées encore et encore, ce que tout leader doit absolument faire. Si les appels de ses prédécesseurs ont échoué, c'est peut-être, entre autres raisons, parce qu'ils étaient noyés et perdus dans l'énorme flot de déclarations, sermons et encycliques. Des mots pourtant éloquents et bien choisis, essentiels pour consolider la tradition, mais combien de catholiques en ont-ils lu ne serait-ce que la moitié ? Un pour cent ? Moins ? Nous, catholiques ordinaires, ne cherchons pas une solution à tous nos problèmes, mais une réponse convaincante à la question suivante : que sommes-nous censés faire, nous catholiques, pour traverser les turbulences de ce nouveau siècle ?

Il ne faut pas forcément que cette réponse se présente sous la forme d'une déclaration ou d'un slogan racoleur, mais sous celle d'une conception simple, percutante, directrice, adaptée à nos vies de catholiques, et à laquelle nous pourrions nous raccrocher.

Oh, encore une chose : cette idée directrice doit également inciter à l'action, ce qui nous mène à la deuxième étape du changement massif de culture : transposer le concept en actes. L'approche du pape François présente plus qu'une vague ressemblance avec la réaction militante d'Ignace à la crise de l'Église au XVIe siècle. Et fortuitement, il se trouve que les instincts du pape correspondent très bien aux guides de conseils pratiques pour galvaniser les organismes face au changement.

- *Rassembler l'équipe autour d'une mission commune.* Dans les situations difficiles, il arrive souvent que des sociétés en proie à des querelles intestines se délitent. Les leaders doivent rassembler leur équipe autour d'un sens commun de la mission qui leur incombe (d'où le titre de cette sous-partie). L'annonce, le même jour, de la sanctification de Jean XXIII et de Jean-Paul II n'est peut-être qu'une simple coïncidence ; disons, au pire, une heureuse coïncidence, au mieux, une stratégie intelligente. Pour un très grand nombre de catholiques, ces deux papes sont des héros emblématiques, mais pour un tout aussi grand nombre, ils n'auraient pas forcément dû être associés. En alliant ces deux icônes dans la sainteté, le pape invite symboliquement les inconditionnels de ses deux prédécesseurs à former une équipe unie puis à suivre son idée essentielle : qu'importent leurs penchants idéologiques, tous les catholiques peuvent répondre à son appel et s'impliquer dans une Église plus humble, plus dévouée aux nécessiteux et plus rayonnante.

- *Privilégier la mission sur les intérêts personnels.* Lorsque la route s'annonce difficile, les lieutenants clés doivent ouvrir la marche et non courir dans tous les sens pour avancer dans leur propre planning. Il faut faire passer la mission avant l'intérêt personnel. Le pape le sait. Il a pesté plus d'une fois contre ce qu'il appelle la lèpre du carriérisme clérical. D'après ce qu'il a dit aux candidats à la nonciature, il faut « surtout (…) être libre de toute ambition ou objectifs personnels qui peuvent faire tant de mal à l'Église, en veillant à toujours privilégier non pas votre réalisation (…) mais le bien supérieur de la cause de l'Évangile et l'accomplissement de la mission qui vous est confiée. Et être libre de toute ambition ou objectifs personnels, je trouve que c'est important, c'est important. Le carriérisme est une lèpre ! une lèpre ![162] ».
- *Ne courez pas pour fuir l'avenir mais pour le précéder.* Le changement est difficile pour n'importe quelle institution ; les leaders doivent encourager tous les sceptiques à y adhérer et le pape François est donc obligé d'encourager les catholiques éduqués à garder l'esprit ouvert tout en révérant une tradition vieille de plusieurs millénaires. Il s'y applique en nous rappelant que celle-ci inclut l'ouverture au changement et à un nouvel avenir : « L'Esprit Saint nous dérange parce qu'il nous remue, il nous fait marcher, il pousse l'Église à avancer (…) il nous donne la force de continuer, mais

beaucoup de gens trouvent ça perturbant et préfèrent le confort du familier[163]. »

- *Avoir un penchant pour l'action et tolérer les expériences ratées.* Il faut que l'Église se redynamise dans un monde complexe et en évolution. S'il existait un moyen sûr d'y arriver, on l'aurait certainement déjà trouvé. Il n'y en a pas. Il s'agit d'un terrain inexploré. L'Église doit donc faire des expériences, et certaines d'entre elles échoueront, c'est sûr. La seule façon de l'éviter ? Ne rien faire. Et cet immobilisme ne servirait qu'à exacerber les tendances que nous avons décrites plus haut. Les mauvais leaders ne supportent pas les expériences ratées. Les grands leaders les bénissent, conscients que les problèmes épineux ne se résolvent qu'en tâtonnant ou, pour reprendre la métaphore du pape, par « des accidents dans la rue ». « Une Église qui ne sort pas, tôt ou tard, tombe malade (...) Il est également vrai qu'il peut arriver à une Église qui sort ce qui peut arriver à tous ceux qui sortent de chez eux et vont dans la rue : un accident. Mais je vous le dis : je préfère mille fois une Église qui a eu quelques accidents qu'une Église malade parce qu'elle est fermée[164] ! »

En un mot ? Transcendance

La transcendance : ce refrain désormais familier relie toutes ces idées. Le pape François ne conduit pas l'Église à rejeter sa tradition, mais à se concentrer sur son avenir ; à transcender son intérêt personnel au nom de sa mission ; et à transcender sa préoccupation autoréférentielle, axée sur les débats bureaucratiques pour s'ouvrir vers l'extérieur.

Il fut instructif – mais aussi inquiétant – de constater que tant d'analyses préconclaves portaient sur les problèmes internes, comme la réforme de la Curie et de la banque du Vatican. Inquiétant parce que les institutions en difficulté présentent le même symptôme :

elles se replient sur elles-mêmes. Dès lors, elles sont rongées par les tensions politiques internes, les organigrammes et les réorganisations bureaucratiques. L'énergie productive se retrouve cloisonnée entre les murs de l'institution au lieu de rayonner vers l'extérieur. Les leaders sur le terrain se focalisent sur ce qui se passe au siège plutôt que sur ceux qu'ils sont censés servir.

Oui, c'est important de remédier aux problèmes internes de l'Église, mais cela ne soignera pas ses maux les plus graves. Ces Brésiliens catholiques qui s'éloignent chaque année, à hauteur de 1 % ? Pour la plupart, ils ne s'en vont pas à cause des malversations de la banque du Vatican ou de l'inefficacité de la Curie, et aucun d'entre eux ne reviendra simplement parce que ces problèmes auront été réglés. Le pape François n'a pas eu de chance : il se retrouve avec des dysfonctionnements et des défaillances organisationnels persistants. Ces plaies purulentes doivent être soignées pour établir une structure professionnelle et administrative plus crédible et mieux respectée. Mais le pape François ne peut pas laisser des questions de gestion interne devenir un gouffre sans fond qui absorberait la majeure partie de son temps et de son énergie. Accordez-lui néanmoins ce crédit : il semble déterminé à ce que sa mission reste ouverte sur le monde. Un leader est capable de trouver et de diriger un second qualifié pour solutionner les problèmes internes, mais ne doit pas déléguer quand il s'agit de mener à bien un projet tourné vers l'extérieur.

Quel est le plus gros challenge du pape François ?

Si vous ne pouvez pas vous contrôler vous-même, inutile d'essayer de nous diriger : ce thème fut traité au chapitre 3 et abordé régulièrement par la suite. Les leaders doivent commencer par eux, ce qu'a fait le pape François. Nous avons assisté à la démonstration de ce talent que nous pourrions appeler « le modèle Gandhi », ou avec les mots souvent attribués au Mahatma : « Vous devez incarner le changement que vous voulez voir dans ce monde. » Le pape François s'est réapproprié cette idée : en choisissant de s'installer dans un logement plus simple que les appartements papaux, en renonçant régulièrement aux fauteuils qui font trop penser à un trône, en évitant la limousine papale, et de dizaines d'autres façons. Considérez comme un exemple parmi d'autres son absence inattendue à un concert majestueux du Vatican, conjuguée à sa visite toute aussi imprévue aux pauvres réfugiés de Lampedusa. Ces deux choix n'étaient pas liés concrètement, mais symboliquement : si l'on juxtapose l'image de la chaise vide au concert du Vatican à celle du pape François debout au milieu des réfugiés démunis de Lampedusa, on obtient l'illustration frappante de cette phrase : « Une Église pauvre pour les pauvres. »

Son modèle a une résonance importante dans son troupeau d'un milliard de fidèles. Il bénéficie d'une cote de confiance de 85 % auprès des Italiens, une popularité que bien des politiciens du monde entier n'atteignent que dans leurs rêves. L'Église enregistre un regain de confiance des Transalpins de 15 % par rapport aux mois précédents. Le pape François est suivi par 7 millions de personnes sur Twitter, soit trois fois plus qu'à sa prise de fonction. Et ses mots ont mobilisé : d'après certaines anecdotes, ses rappels constants à la miséricorde de Dieu auraient incité de très nombreux catholiques du monde entier à se rendre au confessionnal : « Dieu ne se lasse jamais de nous pardonner, jamais, déclara le pape François le 17 mars 2013, mais nous, nous nous lassons de demander pardon[165]. »

Son charisme et sa popularité indiscutables sont essentiels pour lui assurer des chances de succès. Essayer d'appliquer un programme institutionnel ambitieux n'a rien de simple, même quand on jouit d'une certaine estime. Et si l'on est impopulaire ? Inutile de tenter quoi que ce soit.

Cela dit, le « modèle Gandhi » suffit rarement à réformer une grande entreprise et ne permettra certainement pas, à lui seul, de changer l'Église catholique. Bien que nécessaire pour initier un bouleversement, le modèle ne fait pas tout. Il faut institutionnaliser la nouvelle conception et le changement de culture pour les rendre viables.

Prenez le cas du bien-aimé Jean-Paul II, par exemple, révéré et adoré partout dans le monde, surtout dans sa Pologne natale où 90 % de la population est baptisée catholique. Pourtant, son charisme, sa sainteté et son poids intellectuel ne prévinrent pas le déclin de l'Église dans son propre pays, où le nombre de fidèles commença à chuter assez vite alors même qu'il était encore en vie : au début des années 1990, plus de 50 % des Polonais assistaient à la messe hebdomadaire. Aujourd'hui, leur nombre avoisine les 40 %, et la fréquentation de la messe dominicale à Varsovie, qui tient lieu de baromètre, est tombée à 20 %, un mauvais présage quand on sait à quel point les centres urbains attirent les jeunes Polonais et influencent la culture de la nation[166]. Quelle leçon faut-il en tirer ? Personne n'arrivera à relever seul les défis inextricables de l'Église.

Ce cas n'est pas unique : il s'agit de l'une des premières leçons du cours de « gestion du changement ». Le pape, comme tout autre leader, doit affranchir et motiver son équipe de dirigeants, non pas pour qu'ils exécutent ses idées, mais pour les initier ; non pas pour bavarder ou joindre le geste à la parole, mais pour qu'ils connaissent à ses côtés la sueur et les larmes de leurs collaborateurs et, si nécessaire, peinent avec eux.

Témoins : la nécessité d'un point critique de basculement

Le pape François dirige une institution multinationale diversifiée qui fonctionne dans presque deux cents pays, administrée par plus de 2 000 diocèses, chacun supervisé par un évêque jouissant d'une autonomie considérable. Ils sont tous censés rendre des comptes au pape, ce qui devrait lui permettre d'avoir une influence et d'assurer une gestion rapide et directe. Loin de là, ce pouvoir est trop étendu pour être exercé. Aucun être humain n'est en mesure de diriger 2 000 subordonnés de façon proactive. Le pape ne peut pas soumettre chaque année tous les évêques à un entretien, ni définir les principaux objectifs de chacun d'eux. S'il est vrai que certains prélats ne rencontrent leur « patron » qu'une fois tous les cinq ans dans le cadre d'une réunion en petit comité, la plupart des évêques n'obtiendront jamais de rendez-vous en tête-à-tête avec leur chef.

En bref, le pape ne dispose pas d'autant de leviers qu'on pourrait l'attendre d'un souverain pontife, et dans ces conditions, François, qui a bien dépassé le seuil des soixante-dix ans, lutte contre le temps. Car sa nouvelle culture ne prendra racine que s'il amadoue, inspire, nomme ou intimide les évêques et les leaders de l'Église placés en première ligne pour mener ce changement à ses côtés. Ce sera, à mon avis, le grand challenge de son pontificat, et même si sa formation lui a donné tout un tas d'outils pour relever de nombreux défis, il n'y en a aucun à sa portée pour l'aider dans cette tâche. Rappelez-vous la longue formation jésuite présentée dans les chapitres précédents. Elle sert, entre autres, à inculquer à ses membres « la façon de faire » jésuite. La Compagnie de Jésus repose sur une culture commune, une vision et un comportement à adopter face à la mission ; la génération fondatrice a même inventé une phrase pour les résumer : *nuestro modo de proceder*, notre mode opératoire. Si les leaders jésuites créatifs parviennent à exploiter cette culture commune, ils peuvent initier le changement, comme l'a fait le père Bergoglio dans ses diverses fonctions. Mais le défi du pape François est bien différent. Ses évêques et les autres dignitaires de l'Église sont à 100 % derrière lui, bien sûr. La plupart admettent les priorités, la doctrine et des dizaines d'autres choses. Mais il n'a encore jamais rencontré l'écrasante majorité des évêques qu'il dirige désormais, et son modèle les contraint, de façon implicite, à revoir leur rôle ainsi que leurs priorités en commençant par suivre son style de leadership : se crotter les pieds et sentir le mouton, comme lui. Souvenez-vous, le père Bergoglio et ses séminaristes avaient dessiné grossièrement une carte de leur *barrio* de Buenos Aires et décidé d'aller rendre visite à toutes les familles du coin. Eh bien, on recense près de 400 000 prêtres partout dans le monde. Imaginez qu'ils reprennent tous cette initiative. Imaginez chaque prêtre assis autour d'une table avec des religieuses et des collègues laïques, en train d'examiner un plan de leur quartier et de répartir les zones entre eux et les volontaires. Imaginez-les arpenter chaque pâté de maisons, rendre visite à toutes les familles, se lancer mutuellement des défis comme le père Bergoglio le fit avec ses jeunes séminaristes : « arpentez les rues », « enseignez le catéchisme aux enfants », « ne sélectionnez pas les brebis », « rencontrez-les toutes », « rendez visite aux pauvres pour subvenir à leurs besoins », « apprenez des pauvres avant de leur enseigner quoi que ce soit », et toutes ces tâches seront pour beaucoup dans « la formation de votre cœur ». Cela constituerait un nouveau *modo de proceder*, une nouvelle façon de travailler pour la majorité des paroisses du monde, un style qui pousserait les chefs de l'Église à renoncer à leur confort. À quoi ressemblerait l'application de cette stratégie ? Eh bien, le pape l'a expliqué lorsqu'il s'est rendu dans la communauté économiquement défavorisée de Varginha (Manguinhos) au mois de juillet 2013, pendant son séjour au Brésil pour la journée mondiale de la jeunesse. Voilà ce qu'il déclara : « Dès le début, en programmant ma visite au Brésil, mon désir était de pouvoir visiter tous les quartiers de cette nation. J'aurais voulu frapper à toutes les portes, dire “bonjour”, demander un verre d'eau fraîche, prendre un *cafezinho*, discuter avec eux comme un ami de la famille, écouter parler le cœur de chacun, des parents, des enfants, des grands-parents... Mais le Brésil est si grand ! Et il n'est pas possible de frapper à toutes les portes[167] ! »

Le pape ne peut effectivement pas aller frapper à toutes les portes, mais l'Église, forte de son milliard de fidèles, pourrait le faire. Le pape François cherche justement à inspirer ce genre d'implication volontaire. Plus important encore, il s'imagine (avec ses évêques et pasteurs par extension) rendre visite aux gens pour « écouter parler le cœur de chacun ». Le pape François renforce la conviction que le père Bergoglio rabâchait à ses séminaristes jésuites : « Apprenez des gens avant de leur enseigner quoi que ce soit », se rappelle Tomás Bradley, parce que le contact des pauvres est « important pour former le cœur d'un prêtre ».

En effet, le modèle du pape invite ses évêques à envisager leur travail autrement, mais aussi à changer leur mode de vie, pour transformer radicalement l'Église de façon qu'elle devienne « pauvre pour les pauvres ». Le pape François échouera s'il reste l'exception décalée, ce pape qui choisit d'habiter un logement plus modeste et de se déplacer dans des voitures de série plutôt qu'en limousine. Il réussira s'il devient tout à fait banal – si quelques centaines d'évêques de plus suivent son exemple.

Certes, un grand nombre d'entre eux vivent déjà comme lui. J'ai eu le privilège d'en rencontrer un ou deux dans des pays développés, des hommes qui partageaient le quotidien éprouvant de leurs ouailles, dont le niveau de vie était bien inférieur à celui des pauvres de mon propre pays. Leur témoignage me déstabilisa.

Et puis je suis rentré chez moi et ce sentiment s'est dissipé. Je suis – comme au moins 200 millions de catholiques, j'imagine – plutôt bien installé ; bousculer ses habitudes et ses priorités n'a rien d'évident. On peut admirer l'exemplarité du pape François, qui nous amènera peut-être à remettre en question notre train de vie, sans doute un tantinet trop pépère si l'on pense au 1,5 milliard de personnes dans le monde soumis à une abjecte pauvreté. Mais comment susciter le changement plutôt que de vagues réflexions ? Cela ne risque pas d'arriver si l'on se limite aux sermons sur l'esprit béni des pauvres et au seul exemple, aussi frappant soit-il, du pape et d'une poignée d'individus comme lui.

Le pape Paul VI n'avait qu'à moitié raison lorsqu'il disait : « L'homme contemporain écoute plus volontiers les témoins que les maîtres. » Oui, bien sûr, les témoins nous captivent beaucoup plus. Mais de là à nous conduire autrement ? Il faudrait beaucoup de témoins. La plupart d'entre nous ne changeront que lorsqu'ils n'auront plus d'autre choix. Face à un déferlement incessant de témoins, ils finiront par comprendre que le pape n'est plus un cas isolé ; en revanche, ceux qui sont enlisés dans leur mode de vie confortable, ceux-là deviendront alors l'exception. Le challenge du pape François consistera à inspirer suffisamment de leaders témoins pour arriver à ce point critique de basculement.

Alors, réussira-t-il ?

Seul un fou prétendrait le savoir. L'Église se débat avec ces problèmes difficiles depuis des décennies. Pour en sortir avec succès, il faudra qu'elle s'ouvre au changement, à la créativité, à l'expérimentation – et adopte, pour reprendre les termes de Jean-Paul II, de « nouvelles méthodes et un nouveau langage[168] ».

Le pape François devra prendre des mesures, bien équilibrées, pour diriger. D'un côté, il devra initier un changement radical et insuffler un esprit d'urgence qui interdira toute indulgence à l'égard de nos anciennes façons de faire. D'autre part, il lui faudra nous donner confiance et nous laisser espérer que cette situation n'est pas perdue, que le changement portera ses fruits. Existe-t-il événement plus invraisemblablement optimiste qu'un mort qui ressuscite à une vie nouvelle ? Pâques incarne l'espérance et la foi chrétienne. Le pape François fit une homélie saisissante lors de la veillée pascale de 2013. Il évoqua les femmes qui se rendirent au tombeau de Jésus et le trouvèrent vide : « Il se passe quelque chose d'inattendu, de nouveau qui bouleverse leurs cœurs et leurs projets. C'est un fait qui les laisse hésitantes, perplexes, pleines de questions[169]. » Puis le pape lia cette expérience à celle que sa communauté, forte d'un milliard de fidèles, vit aujourd'hui. Il évoqua l'inconfort généré par la nouveauté, la résistance humaine au changement, et les compara à la résistance initiale de ces femmes : « Cela ne nous arrive-t-il pas, à nous aussi, quand quelque chose de vraiment nouveau survient dans notre quotidien ? Nous nous arrêtons, nous ne comprenons pas, nous sommes désarmés. La *nouveauté* nous effraie souvent, tout autant que la nouveauté que Dieu nous apporte, la nouveauté que Dieu nous demande… Chers frères et sœurs, les surprises de Dieu nous font peur ! Il nous surprend toujours ! Le Seigneur est ainsi. Chers frères et sœurs, ne nous fermons pas à la nouveauté que Dieu veut apporter à nos vies ! Ne nous replions pas sur nous-mêmes, ne perdons pas confiance, ne nous résignons jamais : il n'y a pas de situations que Dieu ne puisse changer, il n'y a aucun péché qu'il ne puisse pardonner si nous nous ouvrons à Lui[170]. »

Soyez ouvert à la nouveauté, au changement. Il s'adressait à chaque personne individuellement, l'invitant à « commencer par vous-même ». Mais son message concernait aussi l'Église au sens large, l'encourageant à s'ouvrir pour emprunter le chemin du changement, de la nouveauté. Voici les termes qu'il employa dans d'autres circonstances : « L'histoire de l'humanité, notre histoire, l'histoire de chacun d'entre nous n'est jamais "finie" ; elle n'est jamais à court de possibilités. En réalité, elle est toujours ouverte à la nouveauté – à ce qui ne nous avait même jamais traversé l'esprit jusque-là. À ce qui paraissait impossible[171]. » Le grand leader vit au présent, respecte la tradition et crée l'avenir. Mais le pape François nous rappelle que la dynamique du temps humain, de notre histoire, est bien plus compliquée que cela. Nul n'est le seul maître de son destin, et nul ne peut créer tout le futur, même s'il existe des personnes assez arrogantes pour s'y essayer. En revanche, si nous nous montrons assez modestes pour diriger, nous devenons à la fois auteurs et lecteurs de notre existence, en harmonie avec le monde qui « ne finit jamais et n'est jamais à court de possibilités ».

Les bons dirigeants comprennent qu'ils ne nous conduisent pas vers une destination mythique où le futur s'arrête et où le changement s'achève. Ils réalisent que nous marchons à leurs côtés, ce qui nous amène à notre dernier chapitre sur la vision spirituelle que le leader a du monde.

Chapitre 9
« Vous n'aurez pas peur de marcher ? Merci. »

Notre vie est une marche et quand nous nous arrêtons, rien ne va plus.
Le pape François, homélie, le 14 mars 2013

Le pape François prononça ces mots moins de vingt-quatre heures après son élection, dans son homélie de la messe du 14 mars, retransmise par la télévision nationale. Il se concentra sur trois thèmes : marcher, édifier et proclamer.

Ils structureront le dernier chapitre de ce livre. La vie et le leadership représentent une marche. Nous sommes des pèlerins. Ne baissez pas les bras, persévérez sur le chemin, et édifiez une structure qui ait du sens, pas une tour de Babel ou un monument à votre vanité, mais quelque chose qui rende le monde meilleur. Construisez-la sur les solides fondations de vos certitudes : proclamez vos croyances, non par des propos moralisateurs, mais par des actes qui en témoignent ou, pour reprendre le célèbre mantra attribué à saint François : « Prêchez l'Évangile par l'exemple et ensuite par la parole. »

La métaphore de la marche employée par le pape François fait implicitement référence à une conviction importante. Les profanes considèrent la papauté comme le sommet de la hiérarchie cléricale catholique : une destination, le point ultime de la quête d'une vie.

Mais le pape François, qui s'insurge contre la lèpre du carriérisme, n'y voit que l'étape d'un chemin, d'un chemin commun, rien de moins, que le dirigeant et les dirigés, ou plus précisément le dirigeant et ses compagnons, empruntent ensemble. Lorsqu'il salua le monde pour la toute première fois du haut du balcon de la place Saint-Pierre, le pape déclara : « Et maintenant, commençons ce chemin. » Il ne s'agissait pas d'un « nous » papal mais d'un « nous » collectif. Le pape François est impatient de voir ce que nous pourrions édifier ensemble[172].

Les mauvais leaders ne le comprennent pas ; ils n'envisagent que leur chemin, et nous, les autres, ne sommes là que pour les soutenir dans leur progression. D'ailleurs, leur voyage se termine bien avant qu'ils atteignent leur but.

Le chemin : ne redoutez pas l'échec

Dans l'un des chapitres précédents, nous avons vu que le père Bergoglio avait pris l'habitude d'envoyer ses séminaristes enseigner le catéchisme aux enfants des *barrios* les plus déshérités, car celui qui parvient à rendre un sujet compliqué « accessible aux petits est forcément sage ». C'est bien un pape sage qui enseigna le chemin de la vie lors d'une audience accordée en juin 2013 à des milliers de collégiens et de lycéens. Les employés du Vatican lui avaient fourni une documentation importante, et le pape avait rédigé un élégant discours de cinq pages pour l'occasion.

Mais il fit ce qu'il avait déjà fait auparavant : il improvisa. « J'ai préparé ce discours pour vous dire (…) Mais il fait cinq pages ! C'est un peu ennuyeux (…) Je vous propose ceci : je ferai un petit résumé (…) Puis certains d'entre vous auront peut-être des questions à poser, alors nous pourrons avoir une petite discussion. Cela vous convient-t-il ou pas ? Oui ?[173] »

Les milliers d'adolescents approuvèrent, enthousiastes, mais parmi les organisateurs de l'événement, certains objectèrent. Ils ne s'étaient pas préparés à cela, ils n'avaient pas vérifié ni prévu les questions piège que certains lycéens, en toute innocence, poseraient au pape. Les gamins seraient donc obligés d'« improviser », expliquèrent les organisateurs au Saint-Père. Mais c'était justement ce que voulait l'ancien professeur jésuite : se soumettre à un test, avoir un échange spontané avec des ados, sans langue de bois, cette langue qui rend les émissions de « questions & réponses » aussi débilitantes… qu'un discours de cinq pages ! L'un des premiers jeunes entra directement dans le vif du sujet et informa le pape qu'il « essaie, oui, j'essaie d'être fidèle. Mais j'ai des difficultés. Parfois, j'ai des doutes. Je voulais vous demander quelques paroles pour me soutenir dans cette croissance[174] ».

Avant de lire la réponse du pape, prenez un moment pour imaginer ce que vous auriez répondu à un jeune homme qui s'interroge sur sa foi en Dieu. Et maintenant, lisez la suite. Si vous êtes comme moi, vous vous émerveillerez de constater que le mentor compatissant évite les pensées philosophiques sur les preuves de l'existence de Dieu et les petites remontrances pour encourager les jeunes à aller plus souvent à l'église. Au lieu de cela, il évoqua les défis qui jalonnent le chemin de la foi religieuse, mais aussi celui de la vie : « Marcher est un art, parce que si nous marchons toujours vite, nous nous fatiguons et nous ne pouvons pas arriver au bout, au bout du chemin. En revanche, si nous nous arrêtons et que nous ne marchons pas, nous n'irons pas non plus jusqu'au bout. Marcher est précisément l'art de regarder l'horizon, de penser *où* je veux aller, mais aussi d'endurer la fatigue du chemin. Et souvent, le chemin est difficile. Je veux rester fidèle à ce chemin, mais ce n'est pas facile ; écoute : il y a l'obscurité, il y a des jours sombres, des jours d'échec, et des jours où l'on tombe… On tombe, on tombe. Mais n'oubliez jamais : n'ayez pas peur des échecs, n'ayez pas peur des chutes. Dans l'art de marcher, ce qui compte, ce n'est pas de ne pas tomber, mais de ne pas "rester à terre". Se relever immédiatement, et continuer à marcher. Et cela est beau : c'est cela, travailler tous les jours, c'est cela, marcher de façon humaine. Mais aussi : il n'est pas bon de marcher seul, ce n'est pas bon et c'est ennuyeux. Marcher en communauté, avec les amis, avec ceux qui nous aiment : cela nous aide, nous aide à toucher précisément l'objectif que nous devons atteindre. Je ne sais pas si j'ai répondu à ta question. C'est bon ? Tu n'auras pas peur du chemin ? Merci[175]. »

Le pape parla une langue que tout le monde comprend. Qui, après tout, n'a pas connu l'expérience de la chute – de la perte de son emploi, de relations difficiles, de conflits avec des enfants à problème, et de tant d'autres choses ? Qui n'a pas douté de sa foi ? Qui n'est pas tenté de « rester à terre » quand ça devient trop dur de continuer ? Oui, comme le dit le pape, nos compagnons de route nous aident à traverser ces épreuves. Et, toujours selon lui, les compagnons qui nous aident à nous relever ne sont pas seulement nos amis, notre famille ou les membres de notre équipe. Un matin, à l'occasion d'un sermon, il exhorta les chrétiens à prier non pas un « Dieu tout-puissant » aseptisé et distant, ni quelque vague « Dieu cosmique », mais un Dieu qui est « la personne qui vous accompagne le long de *votre chemin* »[176].

Cette image du chemin de vie tire sans doute ses racines de sa formation jésuite, comme tant d'aspects de sa spiritualité du leadership. L'un des chapitres précédents démontrait, par exemple, que les bons leaders s'engagent à cerner leurs qualités et leurs défauts : les *Exercices spirituels* ont contraint le père Bergoglio à le faire. Malgré la confusion de la vie quotidienne, les dirigeants cherchent à rester « dans la course » : pour y parvenir, le pape François se ressource en procédant à son examen quotidien. Les leaders doivent s'adapter à un monde en perpétuelle évolution : le pape est ouvert au changement grâce à sa liberté d'esprit intérieur et à ses grandes capacités de discernement.

À présent, sa conception qui fait de la vie un chemin se révèle aussi essentielle à tout leadership. Pourquoi ? Simplement parce que le présomptueux qui aura planifié sa vie et son travail, en restant persuadé que tout se déroulera sans accroc, s'expose au désespoir et à l'amertume. Les revers et surprises sont inévitables. Pour reprendre les propos de James Yorke, l'un des auteurs de la théorie du chaos : « Les personnes que je connais ayant le mieux réussi sont celles qui ont toujours eu un plan B. » Nous prenons la route avec des informations incomplètes sur l'avenir. Il arrive qu'on emprunte la mauvaise direction ; les circonstances changent et nous obligent à apprendre au fur et à mesure. Bref, nous marchons, et parfois, nous tombons. Les grands leaders persévèrent malgré les chutes ou les mauvais virages. Ils finissent par reconnaître qu'ils ont appris et grandi en cours de route, et ce en dépit des épreuves.

Le chemin : le monde entier devient notre foyer

Dans l'imaginaire jésuite, l'archétype du chemin est celui d'Ignace de Loyola, leur fondateur. Il avait pour principale ambition de faire une grande carrière militaire, mais un boulet de canon broya d'un coup sa jambe et ses rêves. Au cours de sa convalescence, une expérience de conversion profonde l'orienta sur une autre voie : celle de servir Dieu et l'humanité. Ce chemin spirituel était parallèle à un autre, physiquement éprouvant : il quitta sa maison de Loyola et se lança dans une marche de plusieurs centaines de kilomètres à travers les montagnes du Pays Basque et les terres les plus désertiques d'Europe. Après s'être d'abord arrêté à Montserrat et Manresa en Espagne, il parcourut encore des centaines de kilomètres pour rejoindre la Terre Sainte et Jérusalem.

Ignace, comme le pape François, poufferait sans doute de rire s'il entendait l'expression à la mode « un voyage à la découverte de soi-même ». C'est pourtant ce dont il s'agissait. Sur la route, Ignace apprit à se connaître et à s'impliquer davantage. À la fin de sa vie, il revint sur l'un des moments particulièrement forts de son périple, à Manresa, et déclara qu'« il ne [me] semble pas avoir acquis autant de connaissances que cette fois[177] ».

La métaphore du chemin était d'ailleurs si prégnante dans son imagination que dans son autobiographie, il se réfère à lui-même en disant : « le pèlerin » et non « je » ou « Ignace ». On retrouve cette image une demi-douzaine de fois dans le mince volume des *Exercices spirituels* ; les postulants ne réfléchissent pas seulement à la naissance de Jésus, mais aussi au voyage de Marie jusqu'à la grange de Bethléem, où il naquit ; ils méditent sur le baptême de Jésus dans le Jourdain, mais encore sur les terres qu'il parcourut pour y parvenir. Impossible de passer à côté de l'allusion : ces figures bibliques arpentaient les chemins, comme nous tous.

Il ne suffisait pas que les postulants comme Bergoglio prient sur le chemin de la vie, confortablement installés dans leur chapelle : ils devaient emprunter les routes de la vie réelle. L'un des précédents chapitres souligne que le pèlerinage constitue une spécificité jésuite. Pendant des siècles et sur tous les continents, les novices ont été dispatchés pour réfléchir sur eux-mêmes, leur résilience propre et leur foi en Dieu. Le postulant Jorge Mario Bergoglio est parti en pèlerinage avec les autres novices. (Je crois qu'aucun de ses anciens camarades de classe n'est plus là pour me dire où il se déroula, et je trouve trop présomptueux d'aller lui poser directement la question.) Mais six décennies plus tard, les novices jésuites parcourent toujours l'Argentine de long en large. Récemment, Emmanuel Sicre mit près d'un mois à effectuer le sien : il réalisa un pèlerinage d'environ huit cents kilomètres entre son noviciat de Cordoba et la cathédrale de Notre-Dame-du-Rosaire à Buenos Aires. Son compagnon et lui partirent les poches vides, avec quelques vêtements de rechange, un sac de couchage, une bouteille d'eau et un cahier dans lequel ils reportaient leurs réflexions après leur examen quotidien.

Son directeur ne lui donna pas de carte routière mais deux instructions claires : marchez, et ne choisissez pas la facilité en faisant du stop. Et lorsque vous demanderez le gîte et le couvert, ne vous présentez pas comme un séminariste. Et pourquoi pas ? Parce que la spiritualité jésuite accorde une place importante au thème de l'humilité, de même que le pape. Mais les leaders n'agiront humblement que s'ils le sont, et cette vertu s'attrape plus facilement qu'elle ne s'apprend. Le directeur de Sicre ne voulait pas que ses novices soient dorlotés et gâtés par des chrétiens pieux qui, prenant pitié de ces gentils séminaristes en pèlerinage, leur offriraient leur chambre d'amis et les rassasieraient de bons petits plats faits maison. Il tenait au contraire à ce que le jeune jésuite comprenne ce que ça fait d'avoir faim, d'être un peu humilié, traité en marginal et, à l'occasion, pris à tort pour un vagabond.

J'ai demandé à Sicre ce qui l'avait marqué au cours de son voyage. Il me répondit : « Je n'avais encore jamais fait l'expérience de la providence divine : j'ai eu l'impression de pouvoir la toucher du doigt. Nous n'avons jamais eu faim sur le chemin. » Il poursuivit : « Les gens les plus pauvres sont ceux qui nous ont le mieux accueillis. Ils nous ont ouvert leur porte et ont partagé tout ce qu'ils avaient. » Vous vous souvenez de ce qu'avait dit le père Bergoglio à ses séminaristes ? Qu'ils apprendraient « à forger leur cœur de prêtre » au contact des pauvres ? Des décennies plus tard, on apprend toujours cette leçon.

L'un des confidents les plus proches d'Ignace de Loyola, l'Espagnol Jerónimo Nadal, résuma un jour la mentalité jésuite : « [Pour les jésuites], il existe plusieurs sortes de logis ou demeures, [mais l'endroit] le plus calme et le plus plaisant (...) c'est la route, et le monde devient alors [notre] maison[178] ».

Les voyages inspirés par la cruauté

En 1767, le roi espagnol Charles III décida d'expulser les jésuites d'Espagne et de ses colonies, dont l'Amérique du Sud (le pape supprimerait l'ordre des jésuites quelques années plus tard).

Les autorités de la Couronne, craignant que les populations se soulèvent si elles apprenaient l'expulsion des jésuites, opérèrent dans la clandestinité. Avec une cruauté minutieusement chorégraphiée, des soldats armés encerclèrent les maisons jésuites de Madrid dans la nuit du 31 mars, tirèrent les prêtres de leur lit, promulguèrent le décret d'expulsion, autorisèrent les jésuites à rassembler quelques affaires et livres de prières et les poussèrent, à marche forcée, jusqu'aux ports vers l'exil. Les autorités civiles commencèrent à saisir leurs maisons, propriétés, biens, et détruisirent tout ce qui n'avait pas de valeur à leurs yeux, comme le demi-million d'ouvrages des bibliothèques jésuites envoyés au pilon ou vendus comme détritus.

Et les jésuites d'Argentine et d'Amérique du Sud ? Ils dormirent paisiblement pendant la nuit du 31 mars. Twitter ou les téléphones portables n'existaient pas dans les années 1760. Le décret d'expulsion traversa doucement l'Atlantique tandis que les jésuites de Buenos Aires, Cordoba et des missions du Paraguay continuaient d'enseigner, d'offrir leurs conseils spirituels et d'accomplir d'autres œuvres de miséricorde et de bienfaisance, jour après jour, ignorant benoîtement la menace qui flottait vers eux. Puis la même barbarie se répéta partout. Les responsables officiels de Cordoba rassemblèrent les jésuites dans le réfectoire de la communauté qu'ils verrouillèrent et transformèrent en prison de fortune avant de planifier le transport en caravanes de prisonniers jusqu'aux ports d'expulsion désignés. On estime que des centaines de prêtres périrent pendant ces voyages. Pourtant, plus d'un millier d'entre eux survécurent à la traversée de l'Atlantique et finirent dans des camps de réfugiés en Espagne, où le père Juan José Godoy écrivit « le moindre petit morceau de pain trouve rapidement acquéreur[179] ».

Mais la Couronne d'Espagne n'avait nullement l'intention de laisser les ex-jésuites s'incruster. Une fois qu'on put ouvrir un passage jusqu'aux états papaux d'Italie, les jésuites (ou du moins ce qu'il en restait) furent déplacés là-bas et abandonnés à leur sort – certains enseignèrent, d'autres devinrent curés dans diverses provinces, et beaucoup moururent comme des âmes en peine, dans l'oubli. Au cours de ses années d'exil, le père Thadeo de Godoy écrivit une lettre à un bienfaiteur pour le remercier d'un cadeau : « Cela faisait huit ans et presque neuf mois que personne n'avait pensé à moi (...) Au milieu de tant de détresse, de rude besogne et de manifestations d'hostilité, que n'avons-nous enduré[180] ! »

Il fallut des décennies à l'Église pour réunir la volonté et le courage nécessaires au rétablissement des jésuites. Le pape Pie VII le fit en 1814 : « [Compte tenu] des vœux unanimes de presque tout l'univers chrétien pour le rétablissement de la même Compagnie de Jésus (...) nous avons résolu d'exécuter ce que nous désirions le plus ardemment dès le commencement de notre pontificat[181]. »

Un bon sentiment, même s'il arrivait un peu tard pour les centaines de jésuites déjà morts depuis longtemps, ou pour les étudiants d'Amérique du Sud dont les enseignants avaient soudain cessé de venir à l'école un certain jour de 1767.

Pas ce qu'il avait prévu

Le pape François vit aujourd'hui au Vatican, dans des circonstances bien différentes de celles que connurent les frères jésuites d'Amérique du Sud qui, deux siècles auparavant, furent expédiés sans cérémonie en Italie. Le premier pape jésuite de l'Histoire doit bien saisir l'ironie d'avoir été élu exactement 199 ans après le rétablissement de l'ordre, soit juste à temps pour célébrer un bicentenaire très important dans les annales de l'Église.

Tous ces récits de voyages – celui du fondateur Ignace, des novices en pèlerinage, des jésuites qui traversèrent l'Amérique du Sud de long en large au cours des siècles passés – ont sans doute influencé sa conception de l'Église catholique. Elle devrait toujours être en mouvement, ne laisser personne insensible, franchir les frontières sans crainte et diffuser avec enthousiasme un message positif de compassion et d'espoir. Après tout, le jeune Jorge Mario Bergoglio avait lui-même rejoint les jésuites poussé par des envies de voyage. Quand un écolier lui demanda pourquoi il avait choisi d'entrer chez les jésuites plutôt que dans un autre ordre religieux, il répondit : « Ce qui me plaisait le plus dans la Compagnie, c'était l'aspect missionnaire, et je voulais devenir missionnaire (…) J'ai écrit au général, qui était le père Arrupe, pour lui demander de m'envoyer au Japon ou ailleurs. Mais lui a bien réfléchi, et il m'a dit, avec beaucoup de gentillesse : “Mais vous avez eu une maladie des poumons, ce n'est pas très conseillé pour un travail si exigeant”, alors je suis resté à Buenos Aires[182]. »

Comme tout bon jésuite, il tint les postes qu'on lui assigna au fil des années, et dans son parcours, quelques-uns durent lui déplurent dont, ironiquement, celui de pape. Au cours de cette rencontre avec les étudiants, on lui demanda s'il avait souhaité devenir pape, et il confessa à son interlocuteur (et aux médias du monde entier) : « Tu sais ce que signifie qu'une personne ne s'aime pas elle-même ? Une personne qui veut, qui a envie de devenir pape ne s'aime pas elle-même, Dieu ne la bénit pas. Non, moi je n'ai pas voulu devenir pape. Tu as compris[183] ? »

Il soulignait une dure réalité concernant le chemin d'un bon dirigeant : ce qui compte, ce n'est pas le leader, mais la mission. Et celle-ci les conduit parfois là où ils ne voulaient pas aller. Le père Jorge Mario Bergoglio, qui ne souhaitait pas devenir pape, a sans doute médité plusieurs fois un passage lancinant des Écritures sur l'apôtre Pierre, le premier pape : « En vérité, en vérité, je te le dis, quand tu étais plus jeune, tu te ceignais toi-même, et tu allais où tu voulais ; mais quand tu seras vieux, tu étendras tes mains, et un autre te ceindra, et te mènera où tu ne voudras pas » (Jean 21.18).

Les leaders nombrilistes ne veulent jamais « étendre leurs mains » pour aller là où leur mission les mène ; au lieu de ça, ils suivent le conseil d'un gourou connu pour son dernier livre de développement personnel qui invite à se poser d'abord cette question : « Qu'est-ce que cela peut m'apporter ? » Les vrais chefs, parents, enseignants et managers ne se la posent jamais, ou du moins ce n'est pas leur priorité. Ils tolèrent volontiers les souffrances associées à leur vocation. Je ne dis pas pour autant que le chemin de la vie est triste et vain. Quand le pape François interpella ses confrères cardinaux en déclarant « Notre vie est une marche et quand nous nous arrêtons, rien ne va plus », il ne leur conseillait pas de tourner en rond sans but. Au contraire, le chemin d'une vie offre une opportunité privilégiée : celle d'apporter son concours grâce à ses dons, ses talents ou par son attitude. Et le pape ajouta à leur intention que ce chemin inclut « (…) un autre mouvement dans notre vie : édifier »[184]. Nous sommes des bâtisseurs, que nous créions une famille plus aimante ou une entreprise au service des besoins réels de ses clients, que nous suscitions des compétences et de l'assurance chez nos étudiants ou du bien-être chez nos voisins. Et finalement, chacun a la chance, au cours de son séjour ici-bas, de contribuer à l'édification d'un monde un peu plus paisible, juste, aimant et amical.

La boussole du leader

Certains gâchent leur voyage ; ils n'édifient que des monuments à la gloire de leurs petits intérêts personnels : ils détruisent plus qu'ils ne construisent et prennent plus qu'ils ne donnent. Ce qui nous amène à la troisième idée abordée par le pape dans sa courte allocution aux cardinaux, idée directrice de ce livre : nos croyances et nos engagements guident nos actions. Les convictions du leader constituent les bases d'un voyage éclairé, de contributions durables. Pour reprendre les termes du pape : « Quand on n'édifie pas sur les pierres, que se passe-t-il ? Il arrive ce qui arrive aux enfants sur la plage quand ils font des châteaux de sable, tout s'écroule, c'est sans consistance. » Le pape ajouta : « Nous pouvons marcher autant que nous voulons, nous pouvons édifier de nombreuses choses », mais si notre leadership ne repose pas sur les fondations de nos solides convictions, nous n'avons aucune chance[185]. Le pape François envisage son voyage en termes chrétiens, bien sûr. Il rappela aux cardinaux les souffrances inévitables de l'existence et celles que Jésus endura par solidarité envers la condition humaine : « Quand nous marchons sans la Croix (…) quand nous édifions sans la Croix (…) nous ne sommes pas des disciples du Seigneur : nous sommes mondains[186]. » Qu'importe ce qu'on pense des croyances chrétiennes du pape François (que je partage), toute personne sensée me concédera au moins cela : seuls les imbéciles s'engagent dans une longue marche éprouvante, à l'image de la vie, sans boussole ou sans GPS pour les guider. Quelle boussole le leader utilise-t-il ? Ses convictions, ses attitudes et ses habitudes.

Retour à la case départ

Ce livre se termine donc comme il avait commencé : sur les engagements du dirigeant et les habitudes qui les sous-tendent. « Commencez par vous-même », vous conseillait l'un des précédents chapitres, et « terminez par vous-même » suggère celui-ci. Souvenez-vous du credo du père Bergoglio, des croyances essentielles qu'il s'était forgées peu avant son ordination. Les paragraphes suivants vous invitent à méditer sur vos convictions profondes en matière de leadership. Après tout, à ce stade, ce qui compte le plus, ce n'est pas ce que j'écris ou ce que croit le pape François, mais ce que vous croyez – sur vous-même, votre vocation, votre devoir et les convictions qui vous orienteront sur le chemin.

Ce travail s'achève donc sur ce que l'on pourrait appeler le credo (« manifeste » me paraît trop grandiloquent) du nouveau leader. Même si celui qui suit est plus long que celui du pape, on omet ce qui constituerait, selon lui, le socle du leadership : les croyances religieuses et spirituelles. En fait, celles-ci représentent également la source d'énergie, d'orientation et d'engagement de tout commandement. En fin de compte, nul ne saura mieux diriger sa famille que celui qui est entouré d'une épouse et d'enfants aimants ; et personne ne peut commander des soldats avec courage, sans un principe justifiant leur sacrifice pour une cause, leurs compatriotes ou leur pays ; et personne ne gère énergiquement une Église sans être convaincu qu'elle apporte un message unique de beauté, de vérité et de source vive à partager. Sans ces profondes convictions, on peut être un manager très compétent (et nous en avons grand besoin), mais pas un leader. Si nos engagements ne sont pas étayés par des croyances ancrées et vivantes, ils sonnent un peu creux. Dans les paragraphes suivants, j'ai délibérément passé ces croyances sous silence par respect pour celles de chaque lecteur, dans l'esprit du pape qui, enfreignant la tradition, ne prononça pas sa bénédiction habituelle aux journalistes présents à sa première conférence de presse : « Étant donné que beaucoup d'entre vous n'appartiennent pas à l'Église catholique, que d'autres ne sont pas croyants, j'adresse de tout cœur cette bénédiction, en silence, à chacun d'entre vous, respectant la conscience de chacun[187]... »

Après avoir travaillé des décennies avec des collègues de toutes (ou d'aucune) traditions spirituelles, je suis convaincu de ceci : qu'importent nos confessions, nous sommes légion à nous mobiliser, désireux d'offrir le style de leadership dont ce monde troublé a désespérément besoin et qu'il mérite. Pas celui de type nombriliste, dont nous devons nous débarrasser. Il faut que nos dirigeants donnent l'exemple, en servant les autres avant de se servir : nous devons modéliser nous-mêmes cette forme d'autorité. Les paragraphes suivants nous invitent à prendre les engagements qui renforceront ce nouveau leadership : se connaître intimement, servir les autres, s'immerger dans le monde, s'en retirer quotidiennement, vivre au présent et en respect des traditions, même quand nous concevons énergiquement le futur. Pour cette raison, nous nous passerons des directives : « ne pas corner, plier ou raturer » écrites en gras dans les formulaires à choix multiple, destinés à passer dans les lecteurs automatisés de documents. Au diable ces formulaires ! Cornez, pliez, raturez les pages qui suivent autant que vous le voulez, je vous en prie (sauf ceux d'entre vous qui ont emprunté cet ouvrage à la bibliothèque ou qui le lisent sur tablette). Soulignez ce qui vous parle, barrez les phrases qui relèvent pour vous du charabia, reportez dans la marge vos propres engagements et tout ce que vous voulez privilégier. Mieux que ça, arrachez ces pages après les avoir lues, jetez-les et commencez à rédiger votre propre livre rouge du leadership, de façon que demain ne soit pas une fin mais un début.

Je m'engagerai à me connaître à fond

Voilà ce que je crois : je suis doué, talentueux et fondamentalement bon. Je n'ai pas à gagner ou prouver ma dignité ou ma valeur, ce droit m'est acquis de naissance. Pourtant, je ne manque pas de défauts, trébuchant souvent sur mes propres errements comme sur les nombreux obstacles que le monde place en travers de mon chemin. Je m'accepte, mais cela ne me rend pas pour autant complaisant à l'égard de mes faiblesses et de mon manque de compétences, auxquels je compte bien remédier.

Je suis appelé à tenir un rôle unique en ce monde, celui de diriger : montrer la voie et convaincre les autres, d'abord en usant de mon autorité ou du pouvoir de l'exemple, puis en saisissant toutes les opportunités qui s'offrent à moi, que je sois parent, enseignant, directeur général ou pape. Je ne peux conduire personne à moins de me contrôler moi-même et je ne me formerai pas au leadership en me contentant de maîtriser les compétences nécessaires pour le job. Il faut que je me réapproprie un certain nombre de convictions et d'habitudes qui me permettront de me guider moi-même et d'entraîner les autres.

Je suis appelé à diriger. Cette vocation, en tant que matérialiste, je la considère comme le fruit de circonstances particulières – autrement dit, personne d'autre n'apprécie mieux que moi mes qualités spécifiques et les conditions particulières de ma vie à cet instant précis, ou les opportunités qui se présentent à moi au fil du temps. En tant que croyant, je l'appréhende en termes plus poussés, plus transcendants : toutes les traditions religieuses s'articulent autour d'une conception de l'humanité et d'une mission pour ses adeptes ; cette mission constitue ma principale vocation ici-bas.

Je me transcenderai pour servir les autres

Je dois me dépasser. Oui, il faut que je m'appuie sur mon identité, sur la connaissance de mes atouts et de mes failles, autrement je ne peux pas être performant. Mais je dois me transcender pour servir une cause supérieure, quelle que soit ma définition du concept : bien commun, Royaume de Dieu, donner plus d'amour que je n'en reçois au cours de mon séjour ici-bas, ou, plus simplement, rendre le monde meilleur que je ne l'ai trouvé.

Ma volonté de servir exige à la fois une implication ponctuelle (pouvoir me regarder dans la glace et me dire pourquoi je suis sur cette terre) et une lutte quotidienne pour brider mon ego et rester focalisé sur un objectif plus grand. Cette bataille vaut la peine d'être menée parce que nous avons trop de dirigeants animés par leurs propres intérêts, dans nos vies laïques, religieuses, politiques ou professionnelles. Leur horizon se limite à la protection de leurs projets électoraux, de leurs partis, leurs pouvoirs, leurs statuts, leurs salaires ou de la réputation de leur entreprise. À mon échelle, je ferai, comme beaucoup d'autres, mon devoir pour changer le visage et la nature du leadership. Quels grands défis ! Il nous faut donc des grands leaders pour les relever.

Je m'immergerai dans un monde complexe

Je ne m'estime pas meilleur que quiconque. Je crois être lié aux autres d'une certaine façon. Mes pieds resteront crottés et je veillerai à ce que mon équipe – ma famille, mes camarades de classe, mes subordonnés, ou collègues de travail – sache que je suis l'un des leurs. J'arpenterai le monde, les yeux et le cœur grands ouverts aux joies, souffrances et combats quotidiens qui m'entourent. Comme ça, je m'attacherai à renforcer mon sens de la solidarité. Je m'engage à demeurer « en contact », malgré la difficulté de la tâche dans un environnement globalisé, complexe, où les technologies nous déconnectent de la réalité concrète. Je suis conscient que mes actions et mes décisions ont un véritable impact sur le monde et en assumerai donc la responsabilité ; je ne ferai pas partie de ces gens qui se protègent, dès que les choses tournent mal, en disant « je n'étais pas au courant », alors qu'ils auraient dû l'être ; je ne ferai pas partie de ceux qui regardent la réalité derrière les filtres antiseptiques et déformants de leurs rapports financiers, de leurs responsables, de leur idéologie, de la télévision ou des flux ininterrompus des médias sociaux.

Je me retirerai pour réfléchir chaque jour

Bien que je me sois immergé dans le monde, je sais que je ne peux pas me permettre d'être complètement « de » ce monde, noyé sous les sollicitations des médias sociaux, textos et autres appels téléphoniques. Au lieu de ça, je m'aménagerai un sanctuaire où, chaque jour, je me rappellerai la cause supérieure, les valeurs et les croyances que je défends ; où je réfléchirai à ma journée et surtout serai reconnaissant pour tout ce que j'ai. Je comprends que la vie et moi ne nous réduisons pas à ce que qui peut être touché, compté, mesuré – Einstein l'a confirmé ainsi : « Ce qui compte ne peut pas toujours être compté ». Si je suis religieux, je prierai. Croyant ou pas, je m'efforcerai d'être *simul in actione contemplativus*, contemplatif dans l'action, équilibré, concentré et toujours conscient de ce que je fais et de pourquoi je le fais.

Je vivrai entièrement au présent et respecterai ma tradition

J'ignore si je serai là demain, mais je sais que cet instant précis m'appartient. Je ne le gaspillerai pas. La seule opportunité de leadership que je suis certain d'avoir est celle qui se présente aujourd'hui : avec la personne assise en face de moi en ce moment même, l'enfant que j'irai coucher ce soir, sur le problème qu'on m'a demandé de résoudre ou encore par mon attitude dans l'adversité. Je vivrai dans l'esprit du *age quod agis*, saisirai toutes les opportunités à ma portée plutôt que de ressasser les incidents passés et irréversibles. Cela ne signifie pas que le passé n'a aucun intérêt. Je ne suis pas un électron libre, ni la première personne à avoir foulé cette planète, ni le seul juge de ce qui est bon, vrai ou juste. En revanche, j'appartiens à une tradition religieuse ou spirituelle, à une communauté et à une nation. La plupart de mes croyances et de mes valeurs importantes m'ont été léguées par ma tradition, et je ne ferai pas que les honorer, je les transmettrai comme elles m'ont été transmises. J'ai une histoire et certains de mes atouts et de mes valeurs ont été forgés à l'épreuve de mes expériences et assez souvent grâce à des défis, des difficultés et même de gros chagrins. Comme Kierkegaard, j'apprécie de plus en plus ce mystère : « La vie ne se comprend que par un retour en arrière, mais on ne la vit qu'en avant. »

Je contribuerai à créer l'avenir

Oui, je vis au présent et respecte la tradition. Mais dans un monde qui change rapidement, j'admets que ma vocation à diriger implique celle de contribuer à créer l'avenir – mon propre futur comme celui de ma famille, bien sûr, mais aussi celui de ma communauté et de ma planète. Je me lancerai dans ce voyage avec espoir et optimisme et prendrai part à la construction d'un avenir digne de mes croyances et de mes valeurs. Je m'évertuerai à me libérer : non pas de mes racines mais de toutes les peurs, incertitudes, addictions, obsessions ou autres souvenirs dérangeants, susceptibles de me détourner des choix qui m'orientent vers le bon, le beau, le juste et le vrai.

Le paragraphe qui conclut le credo du père Bergoglio s'ouvre ainsi : « Il me tarde de découvrir la surprise que chaque jour me réserve[188]. » N'y voyez pas une sombre platitude, car le pape poursuit en précisant que la surprise de chaque jour n'est pas qu'« amour » mais aussi « péché » et même « trahison ». Rien de tout cela ne décourage le nouveau leader, armé et animé par sa foi et son espoir. Comme le cardinal Bergoglio l'expliqua un jour : « Mon espoir en Dieu réside dans la marche, dans la quête, dans le simple fait de m'autoriser à chercher[189]. » Puissions-nous ressentir la même chose au cours de notre propre voyage.

Remerciements

Je suis profondément reconnaissant à tous ceux qui m'ont aidé à mener ce projet à bien dans un laps de temps très court.

Joe Durepos et Steve Connor, de Loyola Press, furent les premiers à me suggérer d'écrire un ouvrage sur le pape François ; je les remercie de m'avoir encouragé et conseillé alors que l'idée prenait forme et par la suite, tout au long de son élaboration. C'est le troisième livre que je publie sous la direction de Vinita Wright et il m'aurait été tout à fait impossible de le terminer dans les délais si j'avais travaillé avec quelqu'un d'autre : je m'en remets totalement à son jugement, c'est une admirable partenaire – je lui suis profondément reconnaissant pour ses efforts exceptionnels. Beth Renaldi et Katherine Faydash firent une relecture méticuleuse du manuscrit, ce qui l'améliora beaucoup. Comme c'est souvent le cas dans les maisons d'édition, on peut difficilement remercier personnellement les équipes de marketing et de fabrication qui travaillent encore sur l'ouvrage : tout ce que je peux faire, c'est remercier Judine O'Shea et son équipe, y compris Andrew Yankech, et je présente mes excuses à tous ceux que je ne cite pas nommément. Merci à Paul Brian Campbell, SJ, l'éditeur de Loyola Press et Terry Locke, son président, pour leur engagement dans ce projet et à Tom McGrath pour son soutien.

Jim Fitzgerald s'est chargé, très bien, comme toujours, de négocier mon contrat et de me dispenser quelques conseils.

Jack Paquette et Dave McNulty, les responsables de la communication des jésuites du Midwest, ont charitablement accepté ma suggestion : celle de voir dans ce livre l'occasion de lever des fonds pour les innombrables ministères jésuites méritants qui viennent en aide aux communautés défavorisées à travers le monde. Je reverse la moitié de mes droits d'auteur à ces œuvres de charité et encourage les lecteurs à aller sur mon site www.chrislowney.com où ils trouveront un lien qui les redirigera vers ces œuvres et leur permettra d'apporter leurs propres contributions.

La plupart des traductions de l'espagnol sont de moi (et tout problème d'expression devra m'être imputé. Mes interlocuteurs espagnols n'y sont pour rien). Mais sœur Cecilia J. Cavanaugh, SSJ, PhD du Chestnut High College, la spécialiste réputée de Lorca, fut assez gentille pour relire certaines de mes traductions et y apporter des suggestions pertinentes.

Les pères jésuites Orlando Torres et Andrés Aguerre lurent une version sommaire de mon premier jet et me firent des retours inestimables, tout comme Louis Kim et Ed Speed. Je les remercie pour leurs efforts. Je n'aurais jamais pu écrire ce livre sans la généreuse participation des jésuites qui partagèrent leurs souvenirs personnels du père Jorge Bergoglio. Je ne remercierai jamais assez les pères Fernando Albistur, Tomás Bradley, Alejandro Gauffin, James Kelly et Hernán Paredes pour leur générosité et leur perspicacité. De même, deux anciens étudiants du père Bergoglio, Roberto Poggio et Alejandro Larroudé, me donnèrent aussi leur avis, tout comme les jésuites scolastiques Emmanuel Sicre et Maximiliano Koch.

Les expériences de leadership d'Ethan Berman, d'Ed Speed, du Dr David Hughes et d'autres enrichirent beaucoup ce livre.

J'eus la chance de donner un certain nombre de conférences en Argentine il y a quelques années, et ces expériences (parmi d'autres) m'ont amené, grâce à Dieu, à connaître Carlos Gianicolo, Ricardo Moscato, et beaucoup d'autres membres de l'Asociación Exalumnos de la Compañía de Jesús, au Colegio del Salvador. Ces amis bienveillants m'ont donné de nombreux aperçus culturels de leur pays et, plus important encore, m'ont offert leur chaleureuse amitié et leur hospitalité.

Nombreux sont mes amis qui ont contribué à ce livre, pas forcément en le lisant, mais en soutenant son auteur et en se contentant d'être des amis. Angelika Mendes m'apporta un appui dont je n'avais encore jamais bénéficié en écrivant un livre. C'est une vraie bénédiction de pouvoir toujours compter sur l'assistance de mon frère Sean et de ma sœur Maureen, de leurs conjoints respectifs Netty et Tony, et de mon neveu Colin. La première fois que Colin figura dans les remerciements d'un de mes ouvrages, il pouvait à peine lire son nom ; aujourd'hui, quelques années sont passées et il dévore, sans le moindre effort, toutes sortes de phrases sophistiquées, de termes complexes, tout en réalisant ses propres textes littéraires et fascinants. Et je crois que mes défunts parents m'accompagnent toujours.

Loués soient les heureux hasards du classement alphabétique qui m'ont fait atterrir dans le foyer 1C des étudiants de première année avec Peter Honchaurk, Lou Jerome, Paul Kiernan, Chris Lynch et Charles McGovern, amis de toujours, comme leurs épouses et leurs enfants. Paul et Lou furent assez gentils pour m'aider à trouver des titres, ainsi que Tom Loarie, Maryanne Myers et Barbara Hack. Les quelques messages d'encouragement de Pat Hammond m'ont aidé beaucoup plus qu'elle ne le croit.

Ce livre traite d'un jésuite qui devint pape. J'ai connu, appris, ai été influencé et soutenu par tant de jésuites que je ne pourrais pas tous les nommer. Je les remercie tous pour tout ce qu'ils m'ont apporté et je les félicite pour l'accession de l'un des leurs à la tête de notre Église. *Ad majorem Dei gloriam.* Tous ces gens ont contribué à rendre ce livre bien meilleur qu'il ne l'aurait été sans eux. De nombreuses imperfections demeurent, mais je m'en tiens pour seul et unique responsable.

Notes

Note de la traductrice : les titres des ouvrages et articles cités ont été ici traduits en français pour plus de compréhension, mais les références bibliographiques renvoient majoritairement aux éditions originales, ces textes n'existant pour la plupart pas en français.

1. L'allocution du pape François contient une allusion directe au commentaire du pape Paul VI : « L'homme moderne écoute plus volontiers les témoins que les maîtres. »
2. Alessandro Speciale, « La première journée du pape François esquisse un changement dans le style papal » in *Washington Post*, 14 mars 2013, washingtonpost.com.
3. Gaia Pianigiani et Rachel Donadio, « Le pape François nomme un Conseil consultatif au Vatican » in *New York Times*, 13 avril 2013, nytimes.com.
4. United Press International, « 85 % des Italiens approuvent l'élection du pape François », 20 juin 2013, upi.com.
5. « National Leadership Index, 2007 », Center for Public Leadership, p. 5 ; centerforpublicleadership.org.
6. *Les Constitutions de la Compagnie de Jésus*, traduction du latin père Antoine Lauras avec la collaboration des pères Schuind, Gellard et Roubert, Rome, 1995, n° 817.
7. *Ibid.*
8. Homélie du pape François le 19 mars 2013, vatican.va.
9. Rencontre avec les jeunes Argentins, paroles du pape François, 25 juillet 2013, vatican.va.
10. Carol Glatz, « Le pape : Dieu est présent, c'est une personne et non un nuage de vapeur mystérieux et intangible » in *Catholic News Service*, 16 mai 2013.

11. Joshua J. McElwee, « Pape François : je voudrais que l'Église soit pauvre » in *National Catholic Reporter*, 16 mars 2006, ncronline.org.
12. Junno Arocho Esteves, « Le pape François à l'Académie pontificale ecclésiastique : "Le carriérisme est une lèpre" » in *Zenit*, 6 juin 2013, zenit.org.
13. « Où est ton frère ? », 2 juin 2013, vatican.va.
14. Allocution du pape François aux dirigeants du CELAM, 29 juillet 2013.
15. Rencontre du pape avec les évêques du Brésil, 27 juillet 2013, « L'Église est-elle encore capable de réchauffer les cœurs ? » in *Vatican Today*.
16. John L. Allen Jr., « Dolan : François est et n'est pas conforme à nos attentes » in *National Catholic Reporter*, 24 juillet 2013, ncronline.org.
17. John L. Allen, Jr., « Une révolution en marche avec le pape François » in *National Catholic Reporter*, 5 août 2013, ncronline.org.
18. John L. Allen, Jr., « Le pape et les homosexuels : "Qui suis-je pour juger ?" » in *National Catholic Reporter*, 29 juillet 2013.
19. *Les Constitutions de la Compagnie de Jésus*, *op. cit.*, n° 67.
20. Catholic News Agency, « Le pape se décrit lui-même comme la "sentinelle" de la paroisse de Rome », 27 mai 2013, catholicnewsagency.com.
21. Allocution du pape François à *La Civiltà Cattolica* in *Zenit*, 14 juin 2013, zenit.org.
22. Paroles du pape François place Saint-Pierre, 18 mai 2013.
23. *Les Constitutions de la Compagnie de Jésus*, *op. cit.*, n° 553.
24. Jeff Bezos, « La métaphore de l'électricité pour le futur du web », février 2003, ted.com.
25. Alina Tugend, « Comment préparer les jeunes diplômés au marché de l'emploi ? » in *New York Times*, 28 juin 2013, nytimes.com.
26. Sergio Rubin et Francesca Ambrogetti, *El Jesuita: Conversaciones con el cardenal Jorge Bergoglio, SJ*, Buenos Aires, Javier Vergara Editor, 2010.
27. Jerry Filteau, « Peter Turkson : le pape François donne un nouveau ton à la Curie » in *National Catholic Reporter*, 17 avril 2013, ncronline.org.
28. John L. Allen, Jr., « Une révolution en marche avec le pape François », art. cité.

29. Martin Luther King Jr., *La Force d'aimer*, Paris, Casterman, 1964, p. 229.
30. *L'Osservatore Romano*, supplément « Le premier jour du pape François ».
31. Thom Shanker, « La réaction des officiers militaires face à une nouvelle critique » in *New York Times*, 13 avril 2013, nytimes.com.
32. Kevin Kruse, « Norman Schwarzkopf : 10 citations sur le leadership et la guerre » in *Forbes*, 27 décembre 2012, forbes.com.
33. Homélie du pape François le 14 avril 2013, vatican.va.
34. Edelman, « 2013 Edelman : Leur cote de confiance révèle une crise du leadership », communiqué de presse, http://www.edelman.com/trust-downloads/press-release/.
35. Helen A. Keller, *Sourde, muette, aveugle : Histoire de ma vie* (traduit par la traductrice).
36. Sergio Rubin et Francesca Ambrogetti, *El Jesuita, op. cit.*, p. 46.
37. *Ibid.*, p. 39.
38. *Ibid.*, p. 40.
39. *Ibid.*, p. 41.
40. Pape Jean-Paul II, *Go in Peace: A Gift of Enduring Love*, Chicago, Loyola Press, 2007, p. 171.
41. Sergio Rubin et Francesca Ambrogetti, *El Jesuita, op. cit.*, p. 127, note 159.
42. *Ibid.*, p. 128.
43. *Ibid.*
44. *Ibid.*
45. *Ibid.*
46. *Ibid.*
47. *Ibid.*, 45, 46.
48. *Ibid.*, p. 128.
49. *Les Exercices spirituels* de saint Ignace de Loyola, traduction du texte espagnol par père Pierre Jennesseaux de la Compagnie de Jésus, Namur, 2005, n° 58.
50. *Ibid.*, n° 60.
51. *Qu'est-ce qu'être un jésuite ?*, Congrégation générale n° 32, décret n° 2, 1975, site de la Curie jésuite à Rome.

52. Homélie du pape François, 19 mars 2013.
53. Edward Peters, « Les papes, comme les pères, n'ont pas voix au chapitre » in *The Light of the Law: A Canon Lawyer's Blog* (blog), 28 mars 2013.
54. Homélie du pape François au centre de détention juvénile de Casal del Marmo, 28 mars 2013, vatican.va.
55. Homélie du pape François place Saint-Pierre, 19 mars 2013, vatican.va.
56. James MacGregor Burns, *Leadership*, New York, HarperCollins, 2010, p. 461.
57. La Genèse, 1.27.
58. Ginger Smith, « Une histoire des urgences » in *Sacred Stories*, Denver, Catholic Health Initiatives, p. 89, 9e éd., catholichealth.net.
59. John L. Allen Jr., « Un vieil ami du pape François le qualifie "d'homme de dialogue" » in *National Catholic Reporter*, 23 avril 2013, ncronline.org.
60. Ethan Berman, note de service au conseil d'administration du groupe RiskMetrics, 29 novembre 2005, www.nytimes.com.
61. *Ibid.*
62. Hamilton Nolan, « Les licenciements effroyables de Viacom : 850 personnes » in *Gawker*, 4 décembre 2008, http://gawker.com/5101825/.
63. Joe Flint, « Les patrons de Viacom touchent une augmentation en 2008 malgré la chute du cours » in *Los Angeles Times*, le 18 avril 2009, latimes.com.
64. *Exercices spirituels*, *op. cit.*, n° 140.
65. *Ibid.*, n° 135.
66. *Ibid.*, n° 142.
67. Le pape : « Il n'y a pas de place pour les "carriéristes" et la "religion commerciale" dans le Royaume de Dieu », Radio Vatican, 22 avril 2013, en.radiovaticana.va.
68. « Le ministère pastoral devrait toujours évangéliser », message du pape François à ses frères évêques argentins in *Vatican Today*, 25 mars 2013, news.va.
69. Homélie du pape François, 14 avril 2013.
70. Adam Smith, *Recherches sur la nature et les causes des richesses de la nation*, Paris, Flammarion, 1999, t. 1, chap. 2, livre premier.

71. *Les Constitutions de la Compagnie de Jésus, op. cit.*, n° 814.
72. A. G. Lafley, « Réponse à Peter Drucker » in *Chief Executive,* 1er avril 2005, chiefexecutive.net.
73. Extrait du discours du pape François à l'Académie pontificale ecclésiastique, 6 juin 2013.
74. Sœur María Soledad Albisú, CJ, « Il m'apprit que l'Amour se révèle plus dans le travail que dans les paroles » in *The Tablet,* 23 mars 2013, p. 13, thetablet.co.uk.
75. Evgeny Morozov, « Les dangers de la perfection » in *New York Times,* 2 mars 2013, nytimes.com.
76. *Ibid.*
77. Le pape en audience : « Contrer une culture du gaspillage par la solidarité » in *Vatican Today*, 5 juin 2013, news.va.
78. Citation extraite de l'article d'Alison Linn, « Les leçons que le pape François peut donner aux PDG en matière de leadership » in *Today.com*, 18 mars 2013, today.com.
79. Discours du pape François lors de la rencontre avec les évêques du Brésil, 28 juillet 2013.
80. Homélie du pape à la messe chrismale, 28 mars 2013.
81. « Le pape : la mission, le meilleur remède pour l'Église », *Vatican Today*, 18 avril 2013, news.va ; Catholic News Agency : « Le pape se décrit lui-même comme la sentinelle de sa paroisse », art. cité.
82. Homélie du pape François, 14 mars 2013.
83. « Le pape participe au rassemblement des mouvements et communautés religieux », Radio Vatican, 8 mai 2013, en.radiovaticana.va.
84. Allocution du pape François, 18 mai 2013.
85. *Exercices spirituels, op. cit.*, n° 21.
86. *Ibid.*, n° 235.
87. *Ibid.*
88. Gerard Manley Hopkins, *La Grandeur de Dieu* (traduit par la traductrice).
89. Discours du pape François aux étudiants et professeurs des écoles dirigées par les jésuites en Albanie et en Italie, 7 juin 2013.
90. « Contrer une culture du gaspillage par la solidarité », art. cité.
91. *Exercices spirituels, op. cit.*, n° 54.

92. Glatz, « Le pape : Dieu existe » ; « Le pape : nos petites rencontres quotidiennes avec le Christ » in *The Vatican Today*, 18 avril 2013, news.va.
93. Discours du pape François, 18 mai 2013.
94. Homélie du pape François, 28 mars 2013.
95. « Le pape François appelle un kiosque à journaux pour annuler une commande », BBC News, 22 mars 2013, bbc.co.uk.
96. Catholic News Agency, « La lettre du pape François au frère jésuite souligne sa gratitude », 26 avril 2013, catholicnewsagency.com.
97. Steven Sauter et al., « Stress… au travail », Institut américain pour la sécurité et l'hygiène professionnelles, Centres de contrôle et de prévention sanitaire Atlanta, Department of Health and Human Services Publication, n° 99-101, cdc.gov.
98. *Les Constitutions de la Compagnie de Jésus*, *op. cit.*, n° 547.
99. Ignace de Loyola, *Écrits, lettres et instructions*, Maurice Giuliani (dir.) avec un groupe de pères jésuites, Paris, Desclée de Brouwer, coll. « Christus », 2011, n° 76.
100. Joshua J. McElwee, « Le préfet du Vatican : "J'ai été exclu de la conférence des Religieuses catholiques" » in *National Catholic Reporter*, 5 mai 2013.
101. Heike Bruch et Sumantra Ghoshal, « Gare au manager affairé » in *Harvard Business Review*, février 2002, hbr.org.
102. Jonathan Gosling et Henry Mintzberg, « Les cinq cerveaux d'un manager » in *Harvard Business Review*, novembre 2003, hbr.org.
103. « Travaillez-vous trop dur ? Entretien avec Herbert Benson, M.D. » in *Harvard Business Review* sur le thème « Mettez-vous à fond dans votre travail », Boston, Harvard Business School Publishing, 2008, n° 78.
104. Sergio Rubin et Francesca Ambrogetti, *El Jesuita*, *op. cit.*, 123.
105. *Ibid.*
106. « Le pape participe au rassemblement des mouvements et communautés religieux », art. cité.
107. *Les Constitutions de la Compagnie de Jésus*, *op. cit.*, n° 582.
108. Jorge Mario Bergoglio et Abraham Skorka, *Sobre el cielo y la tierra*, Buenos Aires, Editorial Sudamericana, 2012.
109. *Ibid.*, p. 66-67.

110. Pape Jean-Paul II, « Discours d'ouverture du 19e Congrès général du CELAM », 9 mars 1983, usccb.org.
111. Sergio Rubin et Francesca Ambrogetti, *El Jesuita*, *op. cit.*, p. 68.
112. *Ibid.*
113. *Ibid.*
114. *Ibid.*, p. 37.
115. *Wall Street Journal*, *Pope Francis : From the End of the Earth to Rome*, New York, HarperCollins, 2013.
116. Jean-Pierre Caussade, *Le Sacrement du moment présent, l'Abandon à la providence,* Limovia (publication en ligne), 2013.
117. Andrew Harvey (éd.), *Teaching of the Christian Mystics,* Boston, Shambhala Publications, 1998.
118. William Dalrymple, *Return of a King: The Battle for Afghanistan, 1839–42*, New York, Knopf, 2013.
119. Matt Wade, « Les leçons tirées des erreurs de guerre du passé » in *Sydney Morning Herald*, 25-26 mai 2013, smh.com.au.
120. « Le pape à la messe : le Saint-Esprit et la mémoire historique » in *Vatican Today*, 13 mai 2013, news.va.
121. Le personnel du Vatican, « Le pape François : "Nous ne pouvons pas rester éternellement adolescents" » in *Vatican Insider,* 5 mai 2013, vaticaninsider.lastampa.it.
122. Homélie du pape François, 14 mars 2013.
123. Rituel d'ordination des diacres, rénové selon le décret du saint Concile œcuménique, Vatican II, publié par l'autorité du pape Paul VI et révisé par les soins du pape Jean-Paul II.
124. Warren G. Bennis et Robert J. Thomas, « Les épreuves du leadership » in *Harvard Business Review*, septembre 2002, hbr.org.
125. Conseil pontifical pour la justice et la paix, *Compendium de la doctrine sociale de l'Église*, vatican.va.
126. Les détails du kidnapping et du rôle joué par Bergoglio ont fait l'objet de quelques débats. Vous trouverez un rappel des faits et des contre-accusations dans l'article d'Uki Goñi, « Le nouveau pape et les disparus d'Argentine durant la Guerre sale » in *Time*, 14 mars 2013, time.com.

127. Paolo Mastrolilli, « Une victime de la dictature argentine pourrait être la première personne béatifiée par le pape François » in *Vatican Insider,* 19 mars 2013, vaticaninsider.lastampa.it.
128. Jude Webber, « L'église argentine commémore la mort d'un évêque assassiné sous la dictature » in *Catholic News Service,* 7 août 2006, catholicnews.com.
129. *Encyclopedia Britannica*, édition en ligne, « Dirty War ».
130. Andrea Tarquini, « Les lettres qui innocentent le pape de son implication supposée dans la dictature argentine » in *Aleteia*, 20 mars 2013, aleteia.org.
131. Simon Romero et William Neuman, "Le début d'une papauté sous les rumeurs d'une "Guerre sale"", *New York Times,* le 17 mars, 2013.
132. Michael Gerson, « Le pape François donne de l'inspiration à toutes les fois » in *Washington Post,* 6 juin 2013, washingtonpost.com.
133. Stefania Falasca, « Ce que j'aurais dit au consistoire : une interview du cardinal Jorge Mario Bergoglio, archevêque de Buenos Aires » in *30 Jours*, novembre 2007, 30giorni.it.
134. Robert Moynihan, *Pray for Me: The Life and Spiritual Vision of Pope Francis, First Pope from the Americas*, New York, Image, 2013, n° 209. Moynihan attribue la citation à Remarks, 28 juin 2003.
135. Pew Research Religion and Public Life Project, « Une identité catholique au plus bas depuis 40 ans aux États-Unis », 13 mars 2013. pewforum.org.
136. *In* Documentation informations catholiques internationales, « Brésil : le nombre de catholiques au plus bas », 1er octobre 2011, dici.org.
137. James Manyika, Michael Chui, Jacques Bughin, Richard Dobbs, Peter Bisson et Alex Marrs, « Les technologies révolutionnaires : des découvertes qui vont changer la vie, les affaires et l'économie globale », McKinsey Global Institute, mai 2013.
138. Homélie du pape François, 14 avril 2013.
139. Cindy Wooden, « Le pape François déclare que les catholiques doivent encore appliquer les enseignements de Vatican II » in *Catholic News Service*, 16 avril, 2013, catholicnews.com.
140. Discours aux étudiants, 7 juin 2013.

141. La messe du pape : « Le courage en dépit de nos faiblesses » in *Vatican Today*, 2 juillet 2013, news.va.
142. Catholic News Agency, « Le pape aux futurs diplomates : Ne soyez pas ridicules », 27 mai 2013, catholicnewsagency.com.
143. Sergio Rubin et Francesca Ambrogetti, *El Jesuita*, *op. cit.*, p. 52-53.
144. *Ibid.*
145. Andrea Tornielli, *Francis: Pope of a New World*, San Francisco, Ignatius Press, 2013, loc. 1688.
146. Peter Wensierski, « Les catholiques lavent leur linge sale : les évêques dénoncent l'état de l'Église à l'aube du conclave » in *Spiegel Online*, spiegel.de.
147. Pianigiani, Gaia Pianigiani et Rachel Donadio, « Le pape François nomme un Conseil consultatif au Vatican », art. cité.
148. *Les Constitutions de la Compagnie de Jésus*, *op. cit.*, n° 810.
149. William Oddie, « Le Saint-Père prétend être trop désorganisé pour réformer la Curie romaine, mais on doit enrayer la corruption – Il faut faire un grand coup de ménage » in *Catholic Herald*, 20 juin 2013, catholicherald.co.uk.
150. John L. Allen Jr., « François donne quelques indices sur la teneur de la réforme » in *National Catholic Reporter*, 16 mars 2013, ncronline.org.
151. Cathleen Falsani, « Les citations du pape sur le célibat, les femmes, Dieu, etc. » in *HuffingtonPost.com*, 24 mai 2013.
152. « Le pape aux religieux d'Amérique latine : texte complet » in *Rorate Caeli*, rorate-caeli.blogspot.com.
153. Discours à la *La Civiltà Cattolica*.
154. Falsani, citations du pape François.
155. « La perte de foi brutale en France » in *The Tablet*, 19 octobre 2012, thetablet.co.uk.
156. Barb Fraze, « L'archevêque de Dublin affirme que les catholiques ne transmettent pas la foi aux jeunes » in *Catholic News Service*, 17 mai 2011, catholicnews.com.
157. *Annuarium Statisticum Ecclesiae, Annuario Pontificio, in* Matthew E. Bunson, *Pope Francis,* Our Sunday Visitor, 2013, p. 175.
158. Pape Paul VI, *Evangelii nuntiandi*, vatican.va
159. Pape Jean-Paul II, discours au CELAM.

160. Audience générale du pape François, 24 avril 2013.
161. McElwee, Joshua J. McElwee, « Pape François : je voudrais que l'Église soit pauvre », art. cité.
162. Discours du pape François à la communauté de l'Académie pontificale, 6 juin 2013.
163. Thomas C. Fox, « François : le Vatican II, "la belle œuvre de l'Esprit Saint" » in *National Catholic Reporter*, 16 avril 2013, ncronline.org.
164. Michael Sean Winters, « Évêque : le CCHD évangélise les communautés défavorisées » in *National Catholic Reporter*, 2 juillet 2013, ncronline.org.
165. Pape François, *Angelus*, 17 mars 2013.
166. Donald Snyder, « La fréquentation des églises baisse, les pays les plus catholiques d'Europe veulent un pape moderne », *NBC News*, 5 mars 2013.
167. Allocution du pape François, 25 juillet 2013.
168. Allocution du pape Jean-Paul II au CELAM.
169. Homélie du pape François, 30 mars 2013.
170. *Ibid.*
171. Cathleen Falsani, « Un pape, deux livres, d'innombrables opinions » in *Washington Post*, 23 mai 2013, washingtonpost.com.
172. « Le pape François : ses premiers mots » in *Vatican Today*, 13 mars 2013.
173. Discours du pape François aux étudiants et professeurs des écoles gérées par les jésuites en Albanie et en Italie, 7 juin 2013.
174. *Ibid.*
175. *Ibid.*
176. « Le pape à la messe : comment prier Notre Père ? », Vatican Radio, 20 juin 2013, en.radiovaticana.va.
177. *Le Récit du pèlerin ou Autobiographie de saint Ignace de Loyola*, traduite par Luís Gonçalvez da Câmara, traduction française d'Alain Guillermou, p. 16, raggionlive.com.
178. John J. O'Malley, SJ, "To Travel to Any Part of the World: Jerónimo Nadal and the Jesuit Vocation," *Studies in the Spirituality of Jesuits* vol. 16, n° 2, mars 1984 (citation traduite par la traductrice).

179. Alejandra L. McCall, *Ad Maiorem Dei Gloriam: The Expulsion of the Jesuits from Chile and their Journey into Exile,* mémoire de thèse, Université de Caroline du Nord, Asheville, 2008. L'article est disponible sur internet : toto.lib.unca.edu. Je suis redevable à Alejandra L. McCall. Sa thèse sur l'expulsion des jésuites de certaines régions d'Amérique du Sud comprenait les citations des prêtres qui figurent dans cette page et les suivantes.
180. Le père Thadeo de Godoy à Don Joseph Antonio Acosta, le 15 juillet 1776, *Fuente americana de la historia argentina: Descripción de Cuyo, cartas de los Jesuitas mendocinos*, Mendoza, Argentine, Juan Draghi Lucero, Best Hermanos, 1940, p. 146.
181. Pie VII, bulle *Sollicitudo Omnium Ecclesiarum* du 7 août 1814 décrétant le rétablissement de la Compagnie de Jésus.
182. Discours du pape François aux étudiants, 7 juin 2013.
183. *Ibid.*
184. Homélie du pape François, 14 mars 2013.
185. *Ibid.*
186. *Ibid.*
187. Allocution du pape François, 16 mars 2013, vatican.va.
188. Sergio Rubin et Francesca Ambrogetti, *El Jesuita, op. cit.*, p.128.
189. Andrea Tornielli, *Francis, Pope of a New World*, San Francisco, Ignatius Press, 2013, loc. 1669.

Mise en pages : Compo Meca Publishing
64990 Mouguerre

PEFC
10-31-2541
Certifié PEFC
Ce produit est issu de forêts gérées durablement et de sources contrôlées.
pefc-france.org

Achevé d'imprimer par Normandie Roto Impression s.a.s.
sur papier offset Ambergraphic 90g
N° d'édition : 5026
N° d'impression : 1404188
Dépôt légal : novembre 2014

Imprimé en France